23

Chers amis rongeurs,
bienvenue dans le monde de

Geronimo Stilton

L'Écho du rongeur
Rédaction

Texte de Geronimo Stilton.
*Basé sur une idée originale d'*Elisabetta Dami.
Coordination éditoriale de Lorenza Bernardi
et Patrizia Puricelli.
Édition d' Adriana Sirena *et* Alessandra Rossi.
Coordination artistique de Roberta Bianchi.
Assistante artistique : Adriana Sirena.
Couverture de Cleo Bianca *(dessin) et* Christian Aliprandi *(couleurs).*
Illustrations intérieures de Cinzia Marrese,
Vittoria Termini, Silvia Bigolin *et* Andrea Denegri.
Graphisme de Paola Cantoni *et* Michela Battaglin.
Cartes : archives Piemme.
*Pour les annexes sur les jeux Olympiques : illustrations d'*Elena Tomasutti *et* Andrea Denegri *(dessins),* Christian Aliprandi *(couleurs).*
Rédaction, mise en pages et projet graphique du Studio Editoriale Littera.
Avec la collaboration de Michela Battaglin, Chiara Cebraro *et* Benedetta Biasi.
Traduction de Titi Plumederat.

www.geronimostilton.com

Pour l'édition originale :
© 2004, 2008 et 2012, Edizioni Piemme S.p.A. – Via Tiziano, 32 – 20145 Milan – Italie – sous le titre *Lo strano caso dei gioghi olimpici*
International rights © Atlantyca S.p.A – Via Leopardi, 8 – 20123 Milan, Italie
www.atlantyca.com – contact : foreignrights@atlantyca.it
Pour l'édition française :
© 2008, 2012 pour la présente édition, Albin Michel Jeunesse
22, rue Huyghens – 75014 Paris – www.albin-michel.fr
Loi 49 956 du 16 juillet 1949 sur les publications destinées à la jeunesse
Dépôt légal : premier semestre 2012
N° d'édition : 18064/5
ISBN-13 : 978 2 226 24285 3
Imprimé en Italie par Europrinting S.p.A. en mai 2012

Geronimo Stilton

ÉNIGME AUX JEUX OLYMPIQUES

ALBIN MICHEL JEUNESSE

PAR MILLE MIMOLETTES !

Ce matin-là (c'était une CHAUDE matinée d'été), je me levai et, comme d'habitude, j'allumai la radio pour écouter les dernières nouvelles.

– Les **jeux Olympiques** vont commencer...

Je soupirai :

– *Par mille mimolettes*, encore les **jeux Olympiques ?** On ne parle plus que de cela à Sourisia !

J'éteignis la radio et allumai la télévision : là aussi, il n'était question que de sport ! Je soupirai :

– *Par mille mimolettes,* encore les **jeux Olympiques ?**

RÊT À PORTER
GRUITTON

Je feuilletai le journal et tombai sur un gros titre :
« **OUVERTURE DES JEUX OLYMPIQUES DANS TROIS JOURS !** »
Je soupirai :
– *Par mille mimolettes*, encore les **jeux Olympiques ?**
Je sortis de chez moi : sur la place principale de la ville, des ouvriers étaient en train d'installer un **écran géant** pour diffuser en direct les épreuves des **jeux Olympiques**.
Je soupirai :
– *Par mille mimolettes*, encore les **jeux Olympiques ?**
J'arrivai à la rédaction, et je m'aperçus que tout le monde ne parlait que des sports olympiques.
Je soupirai :
– *Par mille mimolettes*, encore les **jeux Olympiques ?**
Je m'enfermai dans mon bureau : je suis un gars, *ou plutôt un rat,* intellectuel... Moi, le sport ne m'intéresse pas ! Oh, excusez-moi, je ne me suis pas encore présenté : mon nom est Stilton, *Geronimo Stilton*.

Je dirige *L'Écho du rongeur*, le journal le plus célèbre de l'île des Souris !

Je disais donc que j'étais bien TRANQUILLE dans mon bureau, quand j'entendis le GRONDE-MENT d'un moteur.

Je pensai : « Par mille mimolettes, je crois savoir qui c'est… »

MON CHER GEROMINI, J'AI UN PETIT SERVICE À TE DEMANDER…

Une seconde plus tard, la porte s'ouvrit en grand, livrant passage à ma sœur Téa, envoyée spéciale de *L'Écho du rongeur*.

Je soupirai :

– Téa, combien de fois t'ai-je demandé de ne pas entrer à moto dans mon bureau ?

Elle gara sa moto sur ma table de travail… m'aplatissant la queue… m'écrasant une patte et graissant ma veste !

Avant même que j'aie eu le temps de protester, elle s'approcha de moi et murmura :

– Gerominou ! Je t'ai apporté de ces petits-fours dont tu raffoles… ceux au ROQUEFORT FONDU…

Je goûtai un petit-four, mais avec prudence.

Quand ma sœur est aussi gentille, cela cache toujours quelque chose !

Téa poursuivit :

– Mon cher Geromini, j'ai un tout petit petit petit service à te demander…

– Dis toujours et, si je peux, je t'aiderai volontiers !

Elle parla sans détours :

– Il faut que tu fasses le commentaire en direct des **jeux Olympiques !**

Je balbutiai :

– ***M-mais ce n'était pas toi qui devais t'en occuper ?***

Elle ricana :

– Si, mais j'ai autre chose à faire… C'est-à-dire, je pense que c'est un boulot dont tu te sortiras mieux que moi, Geronimo. Tu es tellement **bon**, tellement **intelligent**, tellement **professionnel**, tellement **DIRECTEUR**…

– Il n'en est pas question ! Je n'y comprends **croûte** au sport, moi, je ne suis pas une souris sportive !

Elle éclata de rire.

– Pourtant, il faudra bien que tu y ailles !

C'est déjà décidé ! C'est grand-père qui le dit !

Au même moment, le téléphone sonna.

– Allô, ici Stilton, *Geronimo Stilton* !

À l'autre bout du fil, une grosse voix **tonna** à m'en perforer les tympans.

– Ici Tourneboulé, **Honoré Tourneboulé** ! C'est moi, ton grand-père, Geronimo ! Tu ne me reconnais pas ?

Je soupirai. Était-il possible de ne pas reconnaître la voix de mon grand-père Honoré ?

Grand-père ordonna :

– Gamin, secoue-toi et prends note :

1. **COURS** chez toi pour préparer ta valise !
2. **FILE TOUT DE SUITE** à l'aéroport !
3. **PRENDS LE PREMIER VOL** pour Cheddarville !

Puis il continua :

– Il faut que tu suives les **jeux Olympiques** en faisant… **PRIMO** un compte rendu écrit pour

L'Écho du rongeur, **SECUNDO** un commentaire en direct pour la télé, **TERTIO** (pendant que tu y es)… achète-moi un peu de fromage !

– M-mais, grand-père, j'ai des rendez-vous…

Grand-père tonna :

– On ne discute pas ce que dit son grand-père !

– Mais je n'y comprends croûte au sport…

– C'est mal, trèèès mal. Ça te fera une occasion d'apprendre !

– Mais ce n'est pas Téa qui devait aller aux **jeux Olympiques ?**

– Ma petite-fille adorée Téa a bien d'autres choses à faire, elle doit assister à un défilé de mode !

Que pouvais-je faire ? Depuis toujours, Téa est la chouchoute de grand-père. Et on ne discute pas ce que dit un grand-père…

Je préparai ma valise, **COURUS** à l'aéroport et montai dans le premier avion pour Cheddarville !

ÎLE DES SOURIS

JE SUIS UN VRAI NOBLERAT...

Je montai à bord de l'avion qui devait me conduire à Cheddarville.

Je venais de m'asseoir à ma place, quand j'entendis une petite voix qui couinait :

– Ooooooh...

Je me retournai et découvris une hôtesse au pelage **gris** smog, au museau **DE TRAVERS** et aux **moustaches** poudrées. Elle avait des cheveux blonds crêpés, des faux cils, un rouge à lèvres **rouge** vif, des ongles **très longs** et vernis. Ses pattes **TORDUES** sortaient d'une jupe courte et serrée... Elle portait des chaussures **jaunes** avec de très hauts talons aiguilles.

Je m'aperçus qu'elle venait de laisser tomber un mouchoir de dentelle *parfumé*.

Je me levai et me précipitai pour ramasser le mouchoir. Je le lui tendis avec une révérence, *en lui faisant un baisepatte.*

– Mes hommages, madame !

Elle s'exclama :

– **Oooooh !** Vous êtes un vrai noblerat !

Puis l'hôtesse fit tomber une petite valise… juste sur mon pied droit.

Je criai :

– **Aaaaah !**

Puis je la ramassai et la lui tendis avec une révérence, *en lui faisant un baisepatte.*

– Toujours à votre service, madame !

C'est alors que l'hôtesse fit tomber une énorme valise… sur mon pied gauche.

Je hurlai :

– Scouiiiiiit !

Puis je la ramassai et la lui tendis avec une révérence, *en lui faisant un baisepatte.*

– Toujours à votre service, madame !

L'hôtesse sourit :

– Étant donné que vous êtes si gentil… cela ne vous dérangerait-il pas de m'aider à expliquer aux passagers ce qu'ils doivent faire en cas d'urgence ?

Elle me mit un gilet de sauvetage et tira sur la sangle à m'en étrangler.

Je balbutiai :

– Gloubbbbbbbbbb…

Dès que je parvins à respirer normalement, je lui fis une révérence *et un baisepatte.*

– Toujours à votre service, madame !

L'hôtesse sourit de nouveau et me demanda :

– Étant donné que vous êtes si gentil, cela ne vous dérangerait-il pas de m'aider à servir le thé ?

Elle revint, portant une théière pleine à ras bord de thé bouillant… qu'elle renversa sur ma patte droite.

Je **hurlai** :

– Au secouuuuuuuuuuurs !

Quand je me fus calmé, je lui fis une révérence *et un baisepatte.*

– Toujours à votre service, madame !

L'hôtesse sourit, puis me demanda :

– Étant donné que vous êtes si gentil, cela ne vous dérangerait-il pas de m'aider à **projeter** le film ?

Un instant plus tard, je me débattais au milieu d'une montagne de pellicules cinématographiques qui s'enroulaient autour de mon cou comme des serpents.

Je sifflai :

– J'étouuuuuuuuffe !

Dès que j'eus rembobiné la pellicule, je fis une révérence *et un baisepatte* à l'hôtesse.

– Toujours à votre service, madame !

L'hôtesse sourit encore une fois, puis me demanda :

– Étant donné que vous êtes si gentil, cela ne vous dérangerait-il pas de m'aider à nettoyer les toilettes de l'avion ?

Je fus obligé de nettoyer les toilettes nauséabondes de l'avion.
Après quoi je rendis à l'hôtesse son seau et son balai, lui fis une révérence *et un baisepatte.*
– Toujours à votre service, madame !
L'hôtesse sourit de nouveau, puis me demanda :
– Étant donné que vous êtes si gentil, cela ne vous dérangerait-il pas de m'aider…
J'étais **trèèès** inquiet.
Par mille mimolettes, qu'est-ce qu'elle allait me demander, encore ? De piloter l'avion ?
Je demandai **trèèès** prudemment :
– En quoi puis-je vous être utile, madame ?
C'est alors, et alors seulement, que je m'aperçus de quelque chose de **trèèès** bizarre…

STILTONITOU, LA FARCE T'A PLU ?

L'hôtesse avait… une peau de banane qui sortait de la poche de sa veste !

J'observai mieux ce museau à l'air familier… et, enfin, je compris.

Ce n'était pas une hôtesse !

C'était FARFOUIN SCOUIT !

Il ricana :

– Stilton*itou,* la farce t'a plu ?

Je protestai :

– Nooooooooooon ! Ça ne m'a pas plu du tout !

L'hôtesse (c'est-à-dire Farfouin Scouit) murmura, d'un ton mystérieux :

– Stilton*itou,* tu vas aux **jeux Olympiques**, pas vrai ?

Je marmonnai :

– **HUMMM**, oui. Pourquoi me demandes-tu cela ?

Il répliqua :

– Parce que moi aussi, j'y vais, aux **jeux Olympiques**. Pour qu'on ne me reconnaisse pas (je suis un détective très célèbre, hé hé héée !), je me suis déguisé en hôtesse. Qu'en dis-tu ? On voit que c'est moi, ou on ne le voit pas ?

– Non, on ne le voit pas.

– Et sais-tu pourquoi je vais aux **jeux Olympiques ?**

– Non, je l'ignore. Et je ne suis même pas certain de vouloir le savoir.

– Bon, je vais te le dire quand même. À mon avis, il y a un hic aux **jeux Olympiques**... Stilton*itou*, tu voudrais bien m'aider à résoudre ce mystère ?

Je secouai la tête.

– Hélas, je ne peux pas. Je vais à Cheddarville tenir la chronique des **jeux Olympiques** pour *L'Écho du rongeur* et je serai très occupé.

Farfouin pela une banane.

– **GNARAMIAMIAMIAM !*** Tu en veux un morceau ?

Je refusai.

– Non, merci, tu sais bien que je ne mange pas de bananes !

– Pourquoi ?

– Parce que je ne les digère pas.

– Pfff, toujours aussi délicat, hein ?

Il baissa la voix :

– À propos, où est Téa ?

Je secouai la tête.

– Téa n'a pas pu venir !

***Gnaramiamiamiam** : *j'ai faim !*

Farfouin hurla à tue-tête (si fort que tous les passagers se retournèrent) :

– Quoiiiiiiiiiiii ? Ma Téa adorée n'est pas avec toi ? Aaaaaaaaah ! Mon *'tit* cœur saigne ! Pourquoi ne l'as-tu pas emmenée, *'tit* méchant ?

J'étais **TRÈS EMBARRASSÉ** :

– Pssst, Farfouin, parle doucement ! Tout le monde nous regarde !

Il continua de hurler :

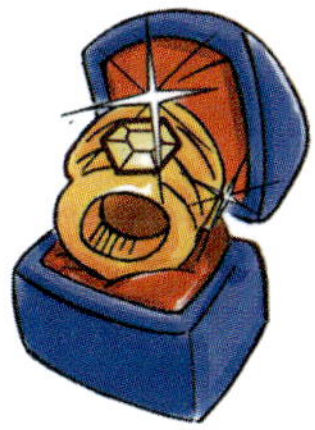

– Et dire que c'est justement à Cheddarville que je voulais lui demander de m'épouser ! J'avais même acheté une bagou*nette* de fiançailles... avec une précieuse topaz*ette* couleur jaune banane...

J'essayai de le consoler :

– Allez, ce sera pour une prochaine fois...

FARFOUIN essuya ses larmes.

– Je vais me consacrer à mon travail... Je tâcherai de me distraire en résolvant le mystère des jeux

Olympiques. Allez, Geromini, ne sois pas rabat-joie, c'est une affaire très mystérieuse et tu pourrais écrire un arti*culet* très intéressant pour ton journal*et*…

– Je t'ai déjà dit que je ne pouvais vraiment pas t'aider. Enfin, dis-moi quand même de quoi il s'agit.

Farfouin murmura :

– Lis bien la liste des pays qui participent aux **jeux Olympiques** et tu comprendras. Bon, j'y vais, il faut que je serve une *'tite* collation aux passagers. Au fait, Geromini, toi qui es un véritable noblerat, tu ne voudrais pas m'aider à…

Je **hurlai** :

– Je ne t'aiderai à rien du tout ! C'est vrai, je suis un noblerat, mais je n'aide que les dames… *les vraies dames !*

Il s'éloigna en soupirant :

– **Pfff**, de nos jours, on ne trouve plus de vrais noblerats…

TIENS !

Mais, je l'avoue, j'étais intrigué.

Dès que j'eus débarqué, je me connectai à INTERNET et parcourus la liste des pays qui participaient aux **jeux Olympiques**...

LES PAYS PARTICIPANT AUX JEUX OLYMPIQUES

Afghanistan | Afrique du Sud | Albanie | Algérie | Allemagne | Andorre

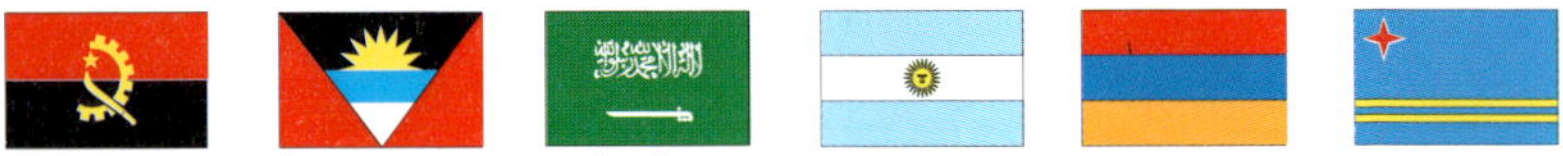

Angola | Antigua-et-Barbuda | Arabie saoudite | Argentine | Arménie | Aruba

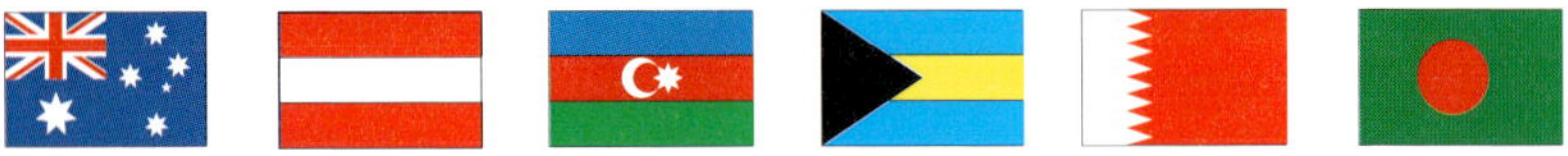

Australie | Autriche | Azerbaïdjan | Bahamas | Bahreïn | Bangladesh

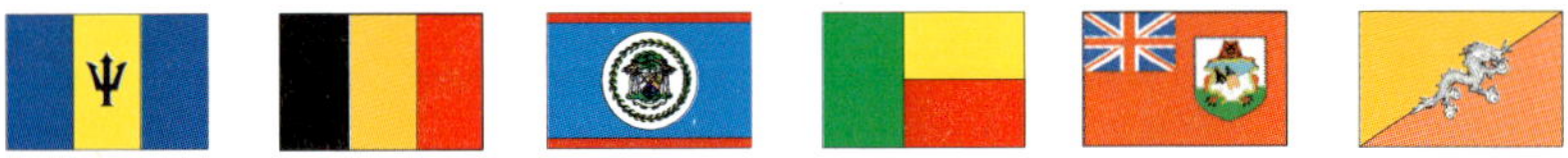

Barbade | Belgique | Belize | Bénin | Bermudes | Bhoutan

Biélorussie | Birmanie | Bolivie | Bosnie-Herzégovine | Botswana | Brésil

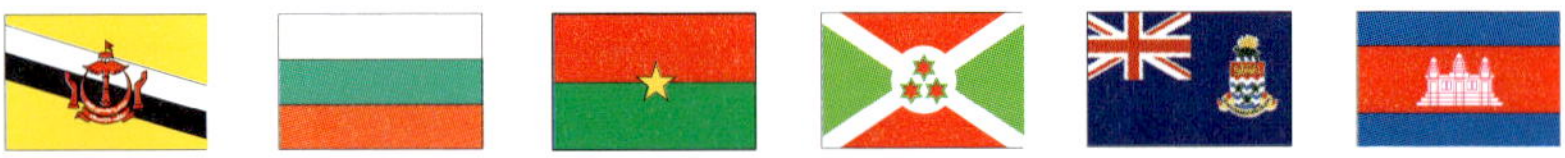

Brunei | Bulgarie | Burkina Faso | Burundi | îles Caïmans | Cambodge

Cameroun | Canada | Cap-Vert | Chili | Chine

Chypre | Colombie | Comores | Congo | îles Cook

Corée du Nord | Corée du Sud | Costa Rica | Côte d'Ivoire | Croatie

Cuba | Danemark | Djibouti | Dominique | Égypte

Émirats arabes unis | Équateur | Érythrée | Espagne | Estonie

États-Unis | Éthiopie | Fidji | Finlande | France

Gabon | Gambie | Géorgie | Ghana | Grèce

Grenade | Guam | Guatemala | Guinée | Guinée-Bissau

Guinée équatoriale | Guyana | Haïti | Honduras | Hong Kong

Hongrie | Inde | Indonésie | Irak | Iran

Irlande | Islande | Israël | Italie | Jamaïque

Japon | Jordanie | Kazakhstan | Kenya | Kirghizistan

Kiribati | Koweït | Laos | Lesotho | Lettonie

Liban | Liberia | Libye | Liechtenstein | Lituanie

Luxembourg — Macédoine — Madagascar — Malaisie — Malawi

Maldives — Mali — Malte — Maroc — îles Marshall

Maurice — Mauritanie — Mexique — Micronésie — Moldavie

Monaco — Mongolie — Monténégro — Mozambique — Namibie

Nauru — Népal — Nicaragua — Niger — Nigeria

Norvège — Nouvelle-Zélande — Oman — Ouganda — Ouzbékistan

Pakistan — Palau — Palestine — Panamá — Papouasie-Nlle-Guinée

Paraguay — Pays-Bas — Pérou — Philippines — Pologne

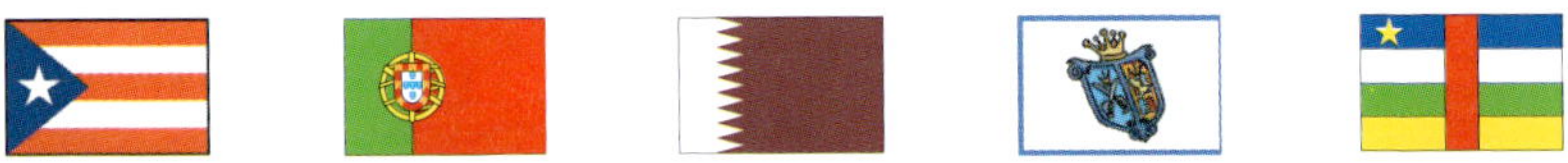

Porto Rico — Portugal — Qatar — Ratydavie — Rép. centrafricaine

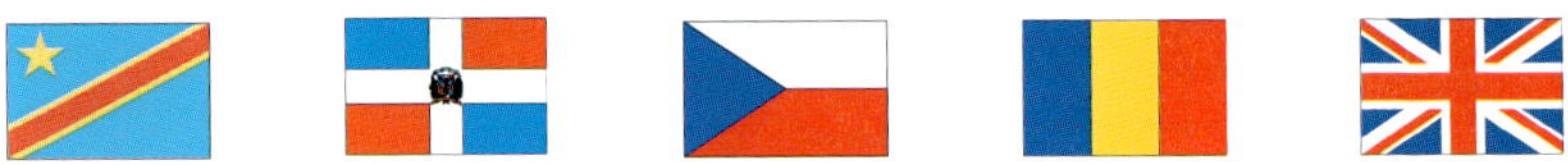

Rép. dém. du Congo — Rép. dominicaine — Rép. tchèque — Roumanie — Royaume-Uni

Russie
Rwanda
Sainte-Lucie
St-Kitts-et-Nevis
Saint-Marin
Saint-Vincent-et-les-Grenadines
îles Salomon
Salvador
Samoa
Samoa américaines
Sao Tomé-et-Principe
Sénégal
Serbie
Seychelles
Sierra Leone
Singapour
Slovaquie
Slovénie
Somalie
Soudan
île des Souris
Sri Lanka
Suède
Suisse
Suriname
Swaziland
Syrie
Tadjikistan
Taïwan
Tanzanie
Tchad
Thaïlande
Timor-Oriental
Togo
îles Tonga
Trinité-et-Tobago
Tunisie
Turkménistan
Turquie
Tuvalu
Ukraine
Uruguay
Vanuatu
Venezuela
îles Vierges américaines
îles Vierges britanniques
Viêt Nam
Yémen
Zambie
Zimbabwe

AU TEMPS DES ANCIENS GRECS

Je décidai de faire une petite promenade touristique et découvris que Cheddarville était une ville *merveilleuse*.

Je visitai le musée du Sport, où sont rassemblés tous les documents et les témoignages relatifs aux **jeux Olympiques** de l'histoire moderne, de la première édition, en 1896, à nos jours.

Il y avait aussi une salle consacrée à la Grèce antique, la patrie des Olympiades, avec plein de choses étonnantes sur cette civilisation fascinante.

Je fus **plongé dans le passé...**

MUSÉE

LES ANCIENS GRECS

La fin du IIe millénaire avant J.-C. fut marquée par le développement des *poleis*, les cités-États indépendantes : les plus importantes étaient Athènes et Sparte. Au Ve siècle avant J.-C., les *poleis* étendirent leur influence dans tout le Bassin méditerranéen. Cette suprématie entraîna la guerre contre les Perses, qui furent battus lors des batailles de Marathon, de Salamine et de Platées. Le prestige militaire et politique d'Athènes ne cessa de s'accroître durant le siècle de Périclès (460-429 avant J.-C.), avivant l'antagonisme avec Sparte : la guerre du Péloponnèse (431-404 avant J.-C.) marqua le déclin d'Athènes et l'hégémonie de Sparte. Sous Philippe II de Macédoine, la Grèce perdit son indépendance et, en 146, devint une province de l'Empire romain.

LES GUERRIERS SPARTIATES *étaient soumis à une rigoureuse discipline militaire et sportive. Dès leur plus jeune âge, on les entraînait à surmonter les épreuves les plus dures.*

HOMÈRE
Ce poète aveugle, qui vécut aux alentours du VIIe siècle avant J.-C., est considéré comme l'auteur de deux très célèbres poèmes épiques : L'Iliade et L'Odyssée.
L'Iliade *décrit la guerre de Troie.*
L'Odyssée *raconte les aventures d'Ulysse lors de son voyage de Troie à Ithaque, sa patrie.*

L'ÉCOLE

L'éducation scolaire débutait à sept ans et était réservée aux garçons. Ils étudiaient diverses matières :

• le « grammatiste » enseignait la lecture, l'écriture et le calcul ;

• le « citharède » apprenait à réciter des poésies et à jouer de la lyre ou de la flûte ;

• le « pédotribe » enseignait la danse et la gymnastique. Les leçons se déroulaient dans le *gymnasium*.

Les jeunes filles restaient au foyer, où leur mère leur apprenait à tisser la laine, à cuisiner et à chanter.

L'ALIMENTATION

Le grain et l'orge étaient les céréales les plus cultivées et étaient utilisés pour préparer du pain et des gâteaux. La vigne et les oliviers étaient très répandus : l'huile d'olive était utilisée non seulement comme condiment, mais également pour préparer des médicaments et des cosmétiques. Les raisins étaient consommés en tant que fruit ou écrasés pour donner du vin. On mangeait aussi du poisson et du fromage. On élevait la volaille et les cochons pour leur viande, les brebis et les chèvres pour leur lait et leur peau, les bœufs et les mulets pour les travaux des champs. Le miel était le seul édulcorant : le sucre n'était pas encore connu !

À OLYMPIE, LES JEUX

Les cités-États de Grèce étaient toujours en guerre les unes contre les autres. Elles ne faisaient la trêve qu'en une seule occasion : les jeux athlétiques qui se déroulaient dans la cité d'Olympie, en l'honneur de Zeus. C'est de là que viennent les jeux Olympiques.
Probablement nés en 776 avant J.-C., ces jeux se déroulèrent tous les quatre ans (si bien qu'ils servaient de repères au calendrier !) pendant plus d'un millénaire, jusqu'à ce que les Romains aient conquis la Grèce. Les Jeux furent de moins en moins importants, jusqu'à être abolis, parce qu'ils étaient d'origine païenne.

Qui participait ? Seulement les hommes ; les femmes n'avaient même pas le droit d'assister aux compétitions !

Les Jeux étaient annoncés par les *tédophores*, des athlètes qui parcouraient toute la Grèce à pied en portant une torche. Les cités-États envoyaient leurs meilleurs athlètes aux compétitions.

EN L'HONNEUR DE ZEUS

QUELLES ÉTAIENT LES DISCIPLINES PRÉVUES ?
Avant tout, la course et le pentathlon, qui regroupe cinq spécialités (course, saut en longueur, lancer du disque, lancer du javelot et lutte) dans une unique compétition, puis les courses de chars et de chevaux. Sans oublier les sports de lutte (les dieux de l'Antiquité étaient plutôt querelleurs !) et surtout les combats de pancrace, mélange de lutte et de boxe, où quasiment tous les coups étaient permis, dans des combats au sol ou debout, jusqu'à ce que l'un des concurrents abandonne. C'étaient les compétitions préférées des spectateurs.

LE VAINQUEUR se voyait remettre une couronne faite à partir des feuilles d'un olivier qui poussait près du temple consacré à Zeus.

LES LUTTEURS se frictionnaient les muscles avec de l'huile pour s'échauffer, puis ils se passaient du sable sur tout le corps pour le rendre moins glissant et permettre une prise plus ferme.

CE N'EST PAS MA FAUTE SI JE SUIS TIMIDE !

Le lendemain, je me rendis aux bureaux de **Rat TV** à Cheddarville.

Je fus accueilli par un cadreur, c'est-à-dire un technicien vidéo : **Zoom Zoomzoom**. Il me dévisagea d'un air dubitatif :

– Mais vous vous y connaissez en sport ?

– **Absolument pas !**

– Et vous vous y connaissez en reportage télévisé ?

– **Absolument pas !**

– Et vous avez déjà essayé de parler en direct ?

– **Absolument pas !**

Il secoua la tête.

– Mais alors, excusez-moi, que venez-vous faire à Cheddarville ? Vous goinfrer de fromage ?

J'essayai de m'expliquer :

– Vous voyez, ma sœur… enfin, mon grand-père… mon camarade d'école…

Il eut pitié de moi et me donna quelques conseils :

– Prenez un air dégagé, personne ne doit comprendre que vous êtes mort de trouille, que vous ne savez pas y faire, que vous allez vous embrouiller, que vous n'y connaissez croûte en sport… On va faire un bout d'essai ! Regardez la caméra, mais pas avec ce regard FIXE… Essayez d'avoir un visage intelligent, vif, spirituel, n'oubliez pas de sourire, mais pas comme un benêt… Faites-moi un sourire intelligent, allez, un petit effort ! Rapprochez le micro de votre bouche, non, pas si près, vous ne devez pas le manger !

Un, deux, trois… partez !

Je me lançai :

– Euh, bonjour, mon Stilton est prénom, c'est-à-dire mon nom est Geronimo, je suis ici pour vous parler de… enfin les **jeux Olympiques** sont finis… ou plutôt, non, ils vont commencer ici à Téa… parce que ma sœur s'appelle Téa et le défilé de mode…

J'éclatai en sanglots.

– Je n'y arriverai jamais ! Ce n'est pas ma faute si je suis **timide** !

Zoom Zoomzoom essaya de me consoler :

– Allez, ce n'était pas si mal. Dans vingt ans (si vous vous donnez **à fond**) vous arriverez (peut-être) à présenter (et encore) la météo…

Puis il annonça :

– De toute façon, ce n'est pas moi qui vous filmerai. Votre grand-père vient de téléphoner pour prévenir qu'il y aurait un nouveau cadreur…

C'est alors que la porte s'ouvrit… un museau familier apparut, qui poussa un cri de guerre que (hélas) je connaissais bien :

– Farfofarfofarfofarfofarfouiiiiiiiinscouiiiiiiiiiiiiiiiiiiiiiiiiiiiitttttttt

ZVUT...

Je protestai :

– Ah non ! Si c'est Farfouin qui filme, **qu'on ne compte plus sur moi** !

Il me regarda fixement et dit :

– Tu veux une *'tite* banane ?

– Non ! Je n'ai pas envie de manger de **bananes** !

Et je n'ai pas non plus envie de travailler avec toi !

Puis il me passa son portable :

– Geromini, ton papy veut te parler au télépho*ninou* !

Voici notre conversation :

– Gamin, bla-bla-bla...

– Oui, grand-père !

– Bla-bla-bla...

– Oui, grand-père !

– Bla-bla-bla...

– Oui, grand-père, d'accord, grand-père, j'ai compris, grand-père, j'obéis, grand-père !

Je raccrochai, résigné.

LE SPORT UNIT TOUS LES PEUPLES !

Je pris mon courage à deux pattes et me préparai pour le premier reportage en direct : la cérémonie d'ouverture des **jeux Olympiques !**

Un athlète arriva en COURANT, brandissant la FLAMME olympique.

Puis un grand défilé débuta. Presque tous les pays du monde y participaient, avec leurs athlètes et leur drapeau ! C'était un spectacle très émouvant. Le sport unit vraiment tous les peuples, sans distinction de race, de mœurs ou d'origine géographique !

ÎLE DES SOURIS

DES P'TITS DÉTAILS… QUI CLOCHENT !

Le lendemain commencèrent les compétitions.
Je courais frénétiquement à droite et à gauche, pour essayer de commenter toutes les compétitions, qui se déroulaient en divers endroits.

– Nous sommes en direct du concours d'**HALTÉROPHILIE…**

Oh, mais ces athlètes soulevaient des **POIDS** incroyables ! Plus de 500 kilos ! Je n'y arriverais jamais !

Tiens, le vainqueur était un athlète d'un pays très lointain : la *Ratydavie* !

Puis je me précipitai dans le stade où avaient lieu les compétitions d'athlétisme.

– Nous nous retrouvons pour le **100 MÈTRES**… Les athlètes sont prêts à s'élancer… C'est parti, ils **COURENT** sur la piste… Ils franchissent la ligne d'arrivée moins de cinq secondes après que le départ a été donné ! Le premier est… un athlète de la… *Ratydavie* !

Puis ce fut un concours de saut à la perche.

– Les athlètes se présentent les uns après les autres… Regardez, c'est incroyable… Ils dépassent les neuf mètres ! Le vainqueur vient de… *Ratydavie* !

Farfouin, qui filmait les compétitions à mon côté, me murmura :

– Stilton*itou*, tu veux une *'tite* banane ?

– Non, merci, je ne mange pas de **bananes** !

44
40
TIME
12:00

– Vraiment ? C'est très bon, pourtant, et ça fait du bien, c'est riche en potassium et...

– Non, merci, c'est très gentil, mais non...

– Mais tu ne veux même pas goûter ?

– NOOOOOOOOOOOOOOOOOON ! Comment dois-je te le dire ?

– Je te trouve un *p'tit* peu nerveux, aujourd'hui ! Bon, as-tu remarqué le *p'tit* détail qui cloche ?

J'étais intrigué :

– Euh, je n'ai rien remarqué.

Puis ce fut le tour des sports d'équipe : volley-ball, basket, football... toutes les équipes y participaient, sauf celle de la *Ratydavie*.

Farfouin me murmura :

– Stilton*itou,* as-tu remarqué le *p'tit* détail qui cloche ?

J'étais intrigué :

– Euh, je n'ai rien remarqué.

Il ricana sous ses **moustaches**.

– **Hi Hi Hiii** ! Je savais bien que j'étais *un poil* intelligent !

UNE 'TITE EXPLICATION UN POIL INTELLIGENTE

En pelant une **banane**, Farfouin expliqua, d'un air supérieur :

– *Ramone un peu tes conduits acoustiques !** Il y a **trois** *p'tits* détails qui clochent que tu n'as pas remarqués, mais moi si…

1. *Dans la liste de tous les pays qui participent aux jeux Olympiques, il y en a un qui n'existe pas : la* Ratydavie *!*

2. *Les athlètes de* Ratydavie *se ressemblent beaucoup, et même trop : je pense qu'il s'agit chaque fois du même, déguisé !*

3. *La* Ratydavie *n'a pas participé aux compétitions de sports collectifs, mais seulement aux compétitions individuelles, et tout ça parce qu'il n'y a en tout et pour tout qu'un seul athlète !*

***Ramone un peu tes conduits acoustiques** : *écoute bien.*

J'étais très surpris.

– Intéressant !

Farfouin conclut, tout excité :

– Maintenant, il faut à tout prix que nous pénétrions dans le **Village olympique**, où sont hébergés les athlètes de tous les pays, pour découvrir les secrets de la *Ratydavie* ! Le Village est bien gardé, le public ne peut pas y entrer ! Mais j'ai un plan du Village, tiens… Voici le logement de la *Ratydavie* ! Et j'ai déjà étudié les différents moyens d'entrer.

1. *Creuser un tunnel souterrain…*

2. *Nous déguiser en facteurs et faire croire que nous avons un télégramme urgent à remettre…*

3. *Sauter en parachute…*

4. *Nous cacher dans la benne à ordures.*

... Ou alors nous pourrions...
nous pourrions... nous pourrions...

Je ricanai.
– Pas besoin de se déguiser pour entrer dans le Village olympique.

Ma carte de journaliste suffira !

Je me dirigeai vers l'entrée du Village olympique, montrai ma carte au gardien, qui me laissa entrer sans difficultés.
Farfouin me suivit, admiratif :
– Bravo !

AU CŒUR DE LA NUIT…

Nous nous dirigeâmes aussitôt vers l'immeuble où logeait l'équipe de la *Ratydavie*.

Nous restâmes cachés jusqu'à ce qu'il fasse NUIT puis nous entrâmes précautionneusement…

Nous pensions que l'immeuble était plein d'athlètes, d'entraîneurs, de masseurs… mais non, il n'y avait personne !

Nous décidâmes de nous séparer pour mieux explorer le bâtiment : je partis vers la DROITE, et Farfouin vers la GAUCHE.

Je fis le tour d'immenses pièces désertes, j'avais le cœur qui battait fort.

Pour m'ÉCLAIRER, je n'avais que mon porte-clefs…

Coucou !
Stiltonitou...
Cri cri!
Cra craaaa!
Ouuuuuh!
Scouit ! Chip chip! Groarr !

Dans le NOIR, ces immenses pièces DÉSERTES étaient vraiment inquiétantes…

J'entendis une drôle de voix qui criait :

– **Coucou !**

Qui cela pouvait-il bien être ?

J'eus tellement peur que je m'évanouis et tombai à la renverse.

– Coucou ! Stilton*itou,* viens voir… ou plutôt viens entendre !

Je revins à moi et compris : c'était Farfouin ! Je le suivis. À pas de rat, je m'approchai prudemment d'une solide porte de **PIERRE**, qui était ouverte… On entendait des cris bizarres, comme si, de l'autre côté, il y avait eu tout un zoo !

Scouit ! Groarrrrrrr ! Cri cri !

Chip chip ! Cra craaaaa !

Ouuuuuuuuuh !

RONF... BZZZZZZ !

Nous découvrîmes une gigantesque salle remplie de cages contenant toute sorte d'animaux : des fourmis, des mouches, des sauterelles, des grenouilles, des lièvres, des jaguars, des singes, des colibris, des éléphants, des dauphins...

À quoi pouvaient bien servir tous ces animaux ?

Au centre de la pièce se dressait une énorme machine, reliée à deux fauteuils.

Sur l'un de ces fauteuils était enchaîné un vieux rongeur, qui ronflait bruyamment.

Ronf... bzzzzzz ! Ronfffffff... bzzzzzzzz !

Nous nous approchâmes. C'est alors que je le reconnus.

Ronf... bzzzzzz...

Je murmurai, stupéfait :

– Mais c'est mon très cher ami… le **professeur Volt** ! Il a mystérieusement disparu, il y a un an de cela… Depuis, on n'a plus eu de nouvelles de lui ! Il paraît qu'il faisait des expériences **ULTRA-SECRÈTES** sur la génétique…

Nous allions le réveiller, quand nous entendîmes une porte qui grinçait.

LA GÉNÉTIQUE est la science qui étudie les caractères héréditaires des espèces végétales et animales.

Farfouin **chicota** :

– VITE, STILTONITOU, CACHONS-NOUS DANS UN COIN ET FISSA !

« La fin justifie les moyens » ? Non !

Cachés derrière un mur, nous attendîmes que la porte s'ouvre.

Un rat grand, MAIGRE, *très élégant* et à l'air **snob** entra. Il avait des cheveux **blonds**, des yeux bleus froids comme la **glace**.

Sur son élégante veste croisée étaient brodés un blason et une devise :

« La fin justifie les moyens ! »

Mais ce qui me frappa le plus, ce fut son expression **glaciale** et CRUELLE : ce rongeur était sans cœur et sans scrupules.

Il me rappelait vaguement quelqu'un… mais *qui qui qui* ? Puis je compris.
Il me rappelait les athlètes de la *Ratydavie* que j'avais vu concourir le matin !
J'essayai de l'imaginer avec une BARBE et des moustaches… puis avec des cheveux d'une autre couleur… puis avec une verrue sur le nez… **oui oui oui**, c'était **lui**, c'était **lui lui lui** !
Le rat eut un sourire ironique et fit une petite révérence sèche devant le professeur :
– Pffffff, je vous informe, cher professeur, que j'ai remporté une nouvelle **médaille d'or !**
Vous êtes content ?
L'autre, qui s'était réveillé, paraissait indigné. Il fit tinter ses chaînes en les secouant.
– Monsieur Von Muskuluz, je ne suis pas content du tout. Cette médaille, vous ne l'avez pas méritée… Vous l'avez remportée par la tromperie !
Le rat précisa, d'un air arrogant :
– Pffffff, je vous en prie, appelez-moi vicomte Von Muskuluz

Vicomte Raktuz Von Muskuluz

Qui est-ce ? Un rongeur sans cœur et sans scrupules. Grand, maigre et très élégant, il a des yeux bleus froids comme la glace.

Que fait-il ? Il veut devenir le plus grand athlète du monde.

Signes particuliers : sur sa veste croisée sont brodés le blason et la devise de sa famille : « La fin justifie les moyens ! »

Son secret : il a forcé le professeur Volt à utiliser sur lui la Machine Transfer pour pouvoir remporter toutes les compétitions.

Son rêve : devenir très riche et conquérir l'île des Souris.

Son point faible : il ne sait pas perdre.

LE SECRET DU PROFESSEUR VOLT

Le professeur soupira.

– C'est comme vous voulez, vicomte Von Muskuluz. De toute façon, vous êtes un rongeur très incorrect.

L'autre désigna le blason brodé sur la pochette de son *élégant* veston.

– Pffffff, vous voyez ce blason et la devise de ma famille ?

« *La fin justifie les moyens !* »

Le portable de Von Muskuluz sonna.

Il répondit en soupirant.

Cependant, il soulevait d'un air désinvolte des poids d'acier luisant.

Pffffff...

– Pffffff, allô, ici le vicomte Von Muskuluz. Qui est à l'appareil ? Oh, c'est vous, NÉMO ? Oui, j'ai obligé le professeur Volt à collaborer. Oui, la MACHINE TRANSFER fonctionne parfaitement. Oui, grâce à cette machine, il est possible de transférer n'importe quelle caractéristique d'un sujet à un autre ! Oui, c'est grâce à cela que je suis en train de gagner, l'une après l'autre, toutes les compétitions olympiques ! Oui, pour le concours de saut en hauteur, la machine m'a transféré l'agilité

d'une SAUTERELLE... pour la course, la vélocité

d'un JAGUAR... pour l'haltérophilie, la force d'une FOURMI...

Mais la machine peut aussi donner les pouvoirs RADAR d'une chauve-souris... les capacités de voir la NUIT qu'ont les chats... l'habileté à escalader qu'ont les singes... Oui, la machine pourrait apporter un grand progrès dans la science, mais nous allons la garder pour nous, pour devenir riches…

… L'île des Souris sera à notre merci !

NON, *Geronimo Stilton* ne s'est pas montré.
Oui, je sais que c'est un ami du professeur Volt, mais je doute qu'un froussard comme lui ait le courage de nous mettre des bâtons dans les roues.
Oui, je sais qu'il est ici, à Cheddarville, avec son nigaud d'ami, FARFOUIN SCOUIT.
Oui, à bientôt, Némo !
Il raccrocha en se lissant les moustaches, d'un air très snob, tandis que je frissonnai.
Savez-vous qui est Némo ?
C'est ce perfide rat d'égout qui, depuis toujours, cherche à détruire le peuple des Souris !

FORT COMME UNE FOURMI… RAPIDE COMME UN LIÈVRE !

Raktuz Von Muskuluz se lissa les moustaches.
– Le concours de saut en longueur va bientôt commencer. Pffffff, évidemment, je veux le remporter !
Il fouilla parmi les cages jusqu'à ce qu'il trouve celle où était enfermée une grenouille.
– Pffffff, c'est exactement ce qu'il me faut. Une grenouille ! Personne ne saute aussi loin qu'une grenouille. Professeur, je vous en prie, reliez immédiatement mon cerveau à celui de la grenouille.
Le professeur Volt resta immobile.
– Non, vicomte Von Muskuluz. Je ne vous aiderai pas. Je n'aime pas ces expériences sur des

Je n'aime pas
ces expériences !

animaux sans défense. La **MACHINE TRANSFER** a été conçue à d'autres fins : pour aider la médecine à vaincre des maladies encore incurables ! Vous m'avez **FORCÉ** à vous aider, mais, à présent, ça suffit ! J'ai décidé que, dussé-je y laisser la vie, je ne collaborerai plus à cette entreprise malhonnête !

Raktuz Von Muskuluz eut un ricanement cruel.

– Pffffff, qu'est-ce qu'entendent mes oreilles ? Vous ne voulez plus m'aider ? Tant pis. Je me débrouillerai tout seul. J'ai observé attenti-

vement le fonctionnement de votre machine… et je crois que, dorénavant, je peux me passer de vous !

Nous étions aussi ahuris qu'*indignés*.

Farfouin chuchota :

– Quelle honte ! Il n'est vraiment pas sportif, ce nobliau. Ce n'est pas bien, d'utiliser des *p'tits* trucs quand on s'affronte aux autres sportifs ! Il faut les dénoncer !

Puis il sortit son appareil photo.

– Heureusement, on va prendre une *'tite* photo, qui nous servira de ***preuve*** pour coincer ce *p'tit* malin !

Il brandit son appareil photo,

mais son coude heurta une CAGE…

Coucou coucou coucou !

La cage tomba, renversant dans sa chute la cage d'à côté…

… qui à son tour renversa celle d'à côté,
qui à son tour renversa celle d'à côté,
qui à son tour renversa celle d'à côté,
et cetera, et cetera, et cetera…

FARFOUIN ricana :

– Aïe aïe aïe, quel embrouilla*mini* !

Raktuz Von Muskuluz se retourna… et nous découvrit !

Le regard fixé sur nous, il cria :

– Eh, vous…

Farfouin lui fit un pied de nez.

– Coucou coucou coucou !

Puis il se mit à prendre des photos en rafale.

L'autre, fou de rage, hurla :

– Donnez-moi tout de suite cet appareil photo !

Compriiiiiiiiiis ?

D'un bond (*par mille mimolettes,* il était vraiment rapide !) il saisit Farfouin par la queue. Mais FARFOUIN me lança l'appareil photo :

– Allez, Stilton*itou* !

Coucou coucou coucou !

Je le rattrapai au vol.

Il s'ensuivit une POURSUITE époustouflante dans le laboratoire !

P-F-F-F-F-F-F !

Raktuz Von Muskuluz ricana d'un air malicieux.

– Pffffff, à quoi bon se fatiguer à vous courir derrière ? Grâce à cette machine prodigieuse, je vais vous rattraper en un éclair… car je courrai aussi VITE qu'un lièvre !

D'un bond très long, il sauta sur le fauteuil.

En même temps, il saisit au passage un lièvre qui avait l'air effrayé.

Avec une télécommande, il actionna la MACHINE TRANSFER, qu'il mit en marche.

Mais le professeur Volt remplaça le lièvre par un autre animal… un escargot !

On entendit un bourdonnement.

Brrrrzzzzzzzzz...

Brrrrzzzzzzzzz...

Brrrrzzzzzzzzz...

Raktuz Von Muskuluz voulut se relever, mais ses mouvements étaient très lents… comme ceux d'un **ESCARGOT** !

Il murmura lentement :

– P-f-f-f-f-f-f-f-f...

ALLÔ, LA POLICE ?

Avec son téléphone portable, Farfouin appela la POLICE de Cheddarville.

– Allô ? La police ? Il y a ici un *p'tit* méchant à capturer… Pouvez-vous venir le chercher dans une *'tite* voiture ? Est-ce qu'il est dangereux ? Noooooon, il n'est plus dangereux, maintenant… Avant, il faisait tout très vite, mais là, il est un *p'tit* peu mollasson, un *p'tit* peu mollusque, même, comme je suis drôle…

FARFOUIN avait raison : Raktuz Von Muskuluz était devenu vraiment MOLLASSON. Quand la police arriva, il n'avait toujours pas fini de se lever du fauteuil !

Le professeur eut pitié de lui et actionna de nouveau la **TRANSFER**... La machine, en bourdonnant, lui rendit sa vitesse habituelle.

Dès qu'il put recommencer à parler de manière normale, Raktuz Von Muskuluz se mit à hurler des insultes, rougissant de colère :

– Souris **D'ÉGOUT** ! **Rats** de laboratoire ! Demi-portions de **souris** ! Si je vous attrape, je vous fais des nœuds à la queue... je vous épile le pelage... je vous réduis en croquettes pour chats...

Farfouin ricana :

– Tiens tiens, tu as beau prendre de grands airs, il ne t'en faut pas beaucoup pour te mettre hors de tes gonds, hein ? C'est bien ce qui prouve que tu n'es qu'un *fanfaronnificoteur** et pas un vrai sportif : parce que

… TU NE SAIS PAS PEEEEEERDRE !

Un vrai sportif sait perdre !

*__Fanfaronnificoteur :__ *personne qui raconte de très gros mensonges.*

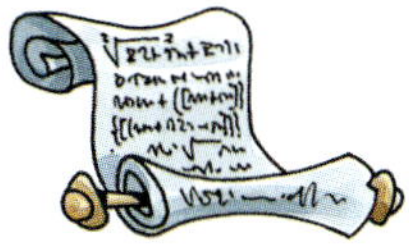

AUSSI SIMPLE… QUE DE GRIGNOTER UN FROMAGE !

Je m'approchai du professeur Volt :

– Je suis heureux de vous voir, professeur ! Mais je suis curieux de comprendre comment fonctionne cette **MACHINE** !

Il ricana :

– C'est aussi simple que de grignoter la croûte d'un **fromage** ! Je vais vous expliquer… *Il suffit de calculer la formule sourisienne de la racine cubique du logarithme désourisifié du microratio à la géométrie du potassimètre titanisé centrifugé de l'élément quantique du neutron atomique positronique pressurique adiabatique punaisiqueux…*

Avant qu'il ait terminé son explication… j'avais déjà **MAL À LA TÊTE** !

3+4
2+3=5
500:4500
30
44
33
6X6
6500
4500
3500
1200
X00

LE BOUTON ROUGE ? NOOOOON !

Tandis que le professeur poursuivait son explication, Von Muskuluz hurla :

– Si je ne peux plus utiliser cette machine... personne d'autre ne l'utilisera !

D'un bond foudroyant, il saisit la télécommande et pressa... le **bouton rouge** d'autodestruction.

La **MACHINE TRANSFER** se mit à bourdonner de plus en plus fort...

BZZZZZZZZZZZZZZZZZZZZZZZZZZZZZZZZ

Puis elle commença à fumer.

Quelle horrible odeur de brûlé !

Le professeur Volt se précipita vers la **TRANSFER** en criant :

– **Oh, non !** J'avais consacré tant de temps à cette invention !

Puis il soupira :

– Après tout... c'est peut-être mieux ainsi. Comme toutes les inventions, elle aurait pu devenir dangereuse... dans les pattes d'un rongeur malhonnête et sans scrupules !

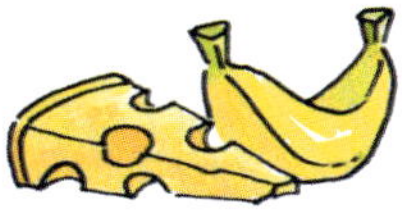

JE NE SUPPORTE PAS LES BANANES !

Les compétitions que le tricheur avait gagnées furent annulées.

On les recommença les jours suivants, afin que ce ne soit pas le plus *malin* qui gagne… mais le plus *fort* !

Farfouin et moi, nous y assistâmes installés dans la tribune d'honneur. Le public nous acclamait :

– Vive Farfouin Scouit !

– Vive Geronimo Stilton !

Farfouin se leva et cria :

– PAIX PAIX PAIX !

Et tout le monde répéta en chœur :

– PAIX PAIX PAIX !

PAIX

À mon tour, je me levai et criai avec les autres ce mot si *simple*, mais si *puissant* !

Farfouin se rassit et commença à grignoter des **bananes**.

– Tu veux une *'tite* banane, Stilton*itou* ? Elles sont spéciales, parce que…

– Non, merci !

– Allez, goûtes-en une, parce que…

– Je te remercie, non.

– Allez, rien qu'une *'tite* bouchée, parce que…
– Merci, mais je n'ai pas faim…
– Mais c'est un *p'tit* peu bon, parce que…
– Je t'en prie, n'insiste pas, je n'en ai pas envie.
– Excuse-moi si je me permets d'insister, parce que…
– Tu sais que je ne digère pas les bananes !
– Mais après, je t'offrirai un digestif, parce que…
– Non seulement je ne les digère pas, mais je n'aime pas du tout ça !
– Tu plaisantes ! Ce n'est pas possible de ne pas aimer ça, parce que…
Je hurlai :
– Je ne supporte pas les bananes ! Et si tu continues comme ça… c'est toi que je vais finir par ne plus supporter ! Je hais le goût de banane !
Il secoua une banane sous mon museau.
– Justement, celles-ci, elles n'ont pas un goût de banane ! Elles ont un goût de… fromage ! Ça fait une demi-heure que

j'essaie de t'expliquer ça, pff !
Je reniflai la banane. Il insista :
– Par mille bananettes !
Allez, goûte ! Tu ne sais pas ce que tu perds !
Je reniflai mieux... Ça sentait le fromage !
J'en goûtai une. Farfouin avait vraiment raison : c'était très bon.
C'était même absolument dé-li-ci-eux !
Il m'expliqua :
– Ce n'est pas une banane comme les autres. Je l'ai mise à tremper toute la nuit dans du fromage fondu... Tu sens cet arôme ? Je crois que je vais breveter le procédé... Qu'en penses-tu, Stilton*itou* ?
Je soupirai. Ah, Farfouin... S'il n'existait pas, il faudrait l'inventer !

GERONIMO, TU ES UN MYTHE VIVANT !

Mais la véritable surprise était encore à venir.
De retour à Sourisia, je descendis de l'avion suivi de Farfouin...
Une immense foule de rongeurs nous accueillit en criant :
– *Tu es un mythe vivaaaaant !*
Je regardai autour de moi, ahuri.
Je dis à Farfouin :
– De qui peuvent-ils bien parler ?
La foule répéta, en criant de plus en plus fort, à en faire trembler les vitres de l'aéroport :
– *Geronimo, tu es un mythe vivaaaaaant !*

Je balbutiai, devins **rouge** comme une tomate :

– Qui, moi ?

La foule renversa les barrières… des milliers de rongeurs se précipitèrent sur moi en brandissant stylos et papiers.

– On veut un autograaaaaaaaaaaphe !

Épouvanté, je pris mes pattes à mon cou.

Farfouin m'encouragea :

– **COURS**, Stilton*itou* !

C'est alors que mon téléphone sonna.

C'était ma sœur, Téa.

– Geronimo, tes reportages sur les **jeux Olympiques** étaient fantasouristiques ! Tu passes bien à la télé, tu es très télégénique… Ici, à Sourisia, les Jeux ont été très regardés… Tu as eu un succès incroyable… Toutes mes amies veulent te rencontrer et…

Par mille mimolettes, quelle aventure ! C'était vraiment une de ces aventures qui n'arrivent qu'avec lui… qu'avec **FARFOUIN SCOUIT !**

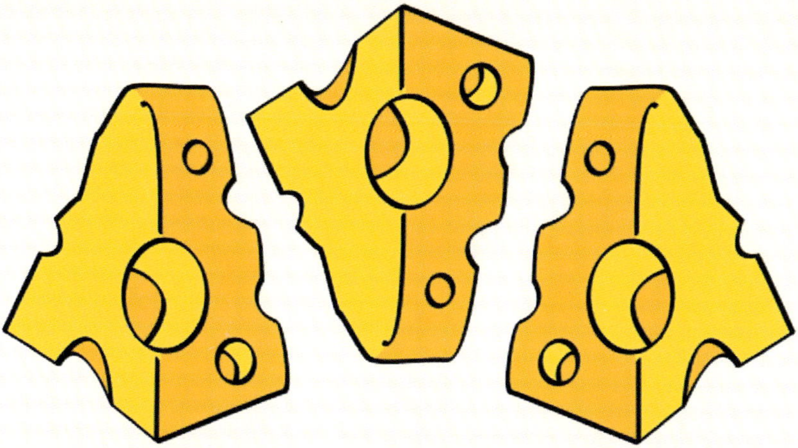

GUIDE DES JEUX OLYMPIQUES

Histoire, disciplines et curiosités

Les jeux Olympiques

C'est à Olympie, une cité de **Grèce**, que, dans l'Antiquité, se déroulaient tous les quatre ans des compétitions sportives opposant les meilleurs athlètes qui s'affrontaient à l'occasion d'épreuves de pugilat, de course, de lutte, de pancrace (sport de combat entre lutte et boxe), de courses de chevaux et le pentathlon. C'est en 1896 que, en souvenir de ces manifestations, appelées Olympiades en l'honneur de la ville où elles se déroulaient, le baron Pierre de Coubertin décide de relancer les Jeux, en y conviant des athlètes du monde entier. Ainsi sont nés les **jeux Olympiques des temps modernes**, qui, au début, sont accueillis avec une certaine froideur : en effet, seuls 14 pays participent à la première édition. Sur les 241 athlètes inscrits, 168 sont grecs (et, évidemment, remportent la plupart des médailles !).

Mais Coubertin ne se décourage pas et tente de convaincre des athlètes du monde entier de participer à ces nouveaux jeux. Il décide que les jeux Olympiques se dérouleront tous les quatre ans, comme dans la Grèce antique, mais que, chaque fois, ce sera dans un lieu différent, sur les cinq continents, de manière à renforcer l'idée **de paix et de fraternité** entre les nations.

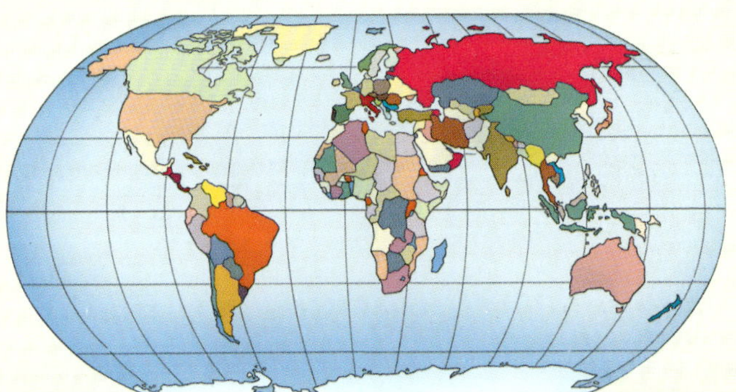

UN SPORTIF VRAIMENT AU POIL !

« Le plus important n'est pas de gagner, mais de participer ! »

Cette célèbre maxime de PIERRE DE COUBERTIN (1863-1937) résume l'esprit qui a présidé à la renaissance des jeux Olympiques. Passionné par le monde grec, Pierre de Coubertin est fermement convaincu que le sport est fondamental pour le développement physique et mental des jeunes gens. En outre, il considère que c'est un instrument qui favorisera **l'amitié entre les peuples**. C'est pourquoi, en 1894, il annonce son projet de renaissance des jeux Olympiques et crée une commission internationale qui deviendra le Comité international olympique. À sa mort, il est enterré à Lausanne, en Suisse, mais son cœur a été inhumé à Olympie, en Grèce, comme il l'avait demandé.

C'est ce qui s'est passé, malgré quelques interruptions dues aux guerres et à quelques ingérences de la politique dans les compétitions sportives. Mais Coubertin peut être satisfait : si 14 pays participèrent aux Jeux de 1896, ils étaient 59 à Londres en 1948 (où il y eut quelque 4 000 athlètes), et **204 nations** sont susceptibles de participer aux Jeux de Londres, en 2012.

Mais bien d'autres choses ont changé… à commencer par les sports représentés aux Jeux ! Saviez-vous que, lors des premières éditions, et jusqu'en 1920 à Anvers, le tir à la corde figurait parmi les disciplines ? Et que le ski nautique, les échecs, le bowling pourraient être admis dans de prochaines éditions ?

Mais comment décide-t-on qu'un **sport sera admis** ou exclu ? Dans le passé régnait une grande confusion, car c'étaient les pays organisateurs qui décidaient des disciplines qui seraient représentées. Ils choisissaient ces sports en fonction de leurs préférences et de leurs traditions culturelles. Ces critères n'étaient pas très justes et occasionnaient bien des plaintes et bien des critiques.

C'est ainsi que le **Comité international olympique** a défini une règle valable pour tous : ne sont admis que les sports pratiqués dans au moins 75 pays sur quatre continents, s'il s'agit d'un sport masculin, et dans 40 pays sur trois continents, s'il s'agit d'un sport féminin.
Ainsi, il n'y a pas de favoritisme et tous les participants ont, au moins en théorie, les mêmes chances de l'emporter.

Le serment

« Au nom de tous les concurrents, je promets que nous prendrons part à ces jeux Olympiques en respectant et en suivant les règles qui les régissent, en nous engageant pour un sport sans dopage et sans drogues, dans un esprit de sportivité, pour la gloire du sport et l'honneur de nos équipes. »

C'est la phrase qui, à l'ouverture des Jeux, est prononcée par un athlète, au nom de tous les autres, afin de souligner l'esprit qui devrait présider à toutes les compétitions sportives.

La flamme

La **flamme** est le symbole de l'esprit de fraternité régnant entre tous les peuples. Tous les quatre ans, la flamme olympique est allumée en Grèce, sur l'ancien autel d'Olympie, avant d'être transférée à une torche par un miroir concave qui concentre les rayons du soleil. Grâce à un relais international, la flamme est ensuite transportée jusque dans le pays où se dérouleront les Jeux. Les athlètes qui portent la flamme olympique sont appelés des **tédophores**.

Lorsqu'elle doit traverser les mers et les océans, la torche voyage en avion ou en bateau. Sur terre, elle passe de main en main tous les kilomètres, jusqu'au stade olympique. Elle sert alors à allumer la **flamme** qui brûlera pendant toute la durée des Jeux.

Les 5 anneaux olympiques

Qui d'autre que le père des jeux Olympiques pouvait trouver un **symbole** aussi simple et aussi clair qui en représente parfaitement l'esprit ?

En cette occasion aussi, Pierre de Coubertin s'inspire de l'Antiquité : sur un autel, en Grèce, il voit cinq cercles enlacés, symbole de la cessation des hostilités durant les jeux de Delphes. Cette image s'impose à lui pour représenter les cinq continents de notre planète ! Elle représente également le rassemblement d'athlètes venus du monde entier.

Le **drapeau olympique** fait sa première apparition aux Jeux d'Anvers en 1920.

À la fin des Jeux, le drapeau est confié au pays qui accueillera les Jeux suivants.

Le Village olympique

À Olympie, dans la Grèce antique, il n'existait pas à proprement parler de village pour les athlètes. Les **structures sportives** étaient installées dans les temples, car les Jeux avaient surtout un caractère religieux.

Lors des premiers Jeux de l'ère moderne, les athlètes durent se contenter de conditions de vie très spartiates. C'est à Paris, en 1924, que fut construit le premier **Village olympique**, c'est-à-dire une structure prévue pour accueillir tous les athlètes et leurs équipes.

Avec l'accroissement du nombre de nations et d'athlètes participants, les dimensions du Village ont également augmenté : lors des dernières éditions des Jeux, il a accueilli des milliers d'athlètes et d'accompagnateurs des quatre coins du monde !

Amateurs ou professionnels ?

Lors des premières éditions des Jeux modernes, il fut décidé que les athlètes devaient être **amateurs**, c'est-à-dire qu'ils ne pouvaient pas recevoir d'argent et ne devaient pas avoir de sponsor. Comme les fédérations sportives n'existaient pas encore, seules les personnes qui disposaient d'importants moyens personnels pouvaient participer aux Jeux. C'était une règle très stricte, dont fut victime un athlète italien, **Carlo Airoldi**, qui s'était rendu à pied aux premiers Jeux d'Athènes et s'était vu refuser le droit de concourir sous prétexte que, l'année précédente, il avait remporté une petite somme d'argent en participant à la course de douze jours Turin-Marseille-Barcelone !

De nos jours, les professionnels sont admis et l'on peut applaudir aux jeux Olympiques les meilleurs athlètes du monde : remporter une **médaille olympique** est toujours le but suprême, pour tous les sportifs du monde !

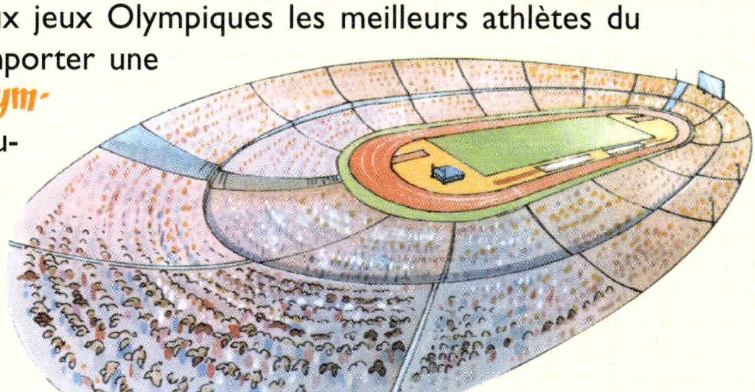

Les jeux Olympiques en rose

Si dans l'Antiquité les **femmes** ne participaient pas aux Jeux et n'avaient même pas le droit d'y assister, les choses ne furent pas simples non plus au début des Olympiades de l'ère moderne : en 1896, les compétitions ne leur sont pas ouvertes ; en 1900, à Paris, deux sports seulement leur sont accessibles, le tennis et le golf.

Pourtant, on passera très vite des 22 courageuses engagées en 1900 aux 277 de 1928, à Amsterdam… pour finalement aboutir aux 4 637 athlètes femmes présentes à Pékin, en 2008.

Avec l'entrée de la **boxe féminine** au programme des Jeux de Londres, en 2012, les femmes peuvent s'affronter dans tous les sports olympiques ; trois disciplines leur sont même réservées : la gymnastique rythmique, la natation synchronisée, l'heptathlon.

LES JEUX OLYMPIQUES DE LA JEUNESSE

Les garçons et les filles de 14 à 18 ans peuvent participer à de véritables jeux Olympiques qui leur sont réservés. La dernière invention du Comité international olympique concerne des jeux Olympiques de la jeunesse. La première édition a eu lieu à **Singapour** en 2010. La manifestation s'inspire naturellement des jeux Olympiques traditionnels, et comporte la pratique de tous les sports figurant au programme des « grands ». 3 594 jeunes, venus du monde entier, ont afflué à Singapour ! Évidemment, comme pour tous jeux Olympiques qui se respectent, ceux réservés aux jeunes comportent des **épreuves d'hiver**, qui se dérouleront en 2012 à Innsbruck, en Autriche.

Jeux Olympiques d'hiver

En 1924, tandis que les Jeux de la huitième olympiade se déroulent à Paris, les premiers jeux Olympiques d'hiver se tiennent à Chamonix. Jusqu'en 1992, les Jeux d'été et ceux d'hiver ont lieu la même année.

Puis on décide de les séparer, pour avoir un événement olympique tous les deux ans.

Comme leur nom l'indique, les jeux Olympiques d'hiver rassemblent les sports qui ne peuvent se pratiquer que l'hiver, sur la neige ou sur la glace. C'est pourquoi cet événement se déroule à la montagne.

Nombreux sont ceux qui croient que, aux jeux Olympiques d'hiver, il n'y a que des compétitions de ski et du patinage. C'est faux. Au-delà de ces deux sports principaux, il en est d'autres, très originaux et amusants. Tant sur la neige que sur la glace, comme le snowboard, le skeleton, le curling ou le bobsleigh.

Jeux Olympiques d'été

Quand on parle de jeux Olympiques, on pense aussitôt à ceux qui se déroulent tous les quatre ans en été. En effet, ce sont les Jeux qui comportent le **plus grand nombre de compétitions** : 302, en comptant sports individuels et sports d'équipe.

Ce sont aussi les Jeux auxquels participent le **plus grand nombre d'athlètes** : ils étaient 11 000 environ aux Jeux de Pekin en 2008. Mais ce sont aussi ceux où l'on pratique le **plus grand nombre de sports**.

Qu'est-ce que cela veut dire ? Cela signifie que chaque sport olympique peut comporter diverses disciplines ou spécialités.

Les pages qui suivent exposent les principales règles et les curiosités de chaque sport présent aux jeux Olympiques d'été, répartis en sports terrestres, sports aquatiques, sports de combat, sports de cible et sports hippiques. Il y en a vraiment pour tous les goûts : sports d'équipe, sports individuels, sports populaires comme le football ou le volley-ball, sports beaucoup moins connus, comme le taekwondo ou la lutte gréco-romaine.

Bonne lecture !

Athlétisme

L'athlétisme est probablement le principal sport des jeux Olympiques d'été, depuis la première édition, à Athènes, en 1896. Il comporte diverses disciplines qui peuvent se répartir en **courses sur piste** (comme le 100 mètres, le 200 mètres, etc.), **courses sur route** (comme le marathon et la marche), **sauts** et **lancés**. Pendant les jeux Olympiques, la plupart des compétitions sont disputées à l'intérieur d'un stade doté d'une piste de 400 mètres de long.

La course sur piste

Les compétitions sur piste se répartissent en deux catégories : les courses de vitesse et les courses d'endurance. Dans le premier groupe figurent les épreuves de **100**, **200** et **400 mètres**. Il s'agit de courses très spectaculaires, au cours desquelles les athlètes doivent essayer de courir le plus vite possible pour franchir la ligne d'arrivée en tête.

Les courses d'endurance, à leur tour, se divisent en deux sous-groupes :

les courses de demi-fond et les courses de fond. Le demi-fond comprend des courses sur des distances moyennes, comme le **800 mètres** et le **1 500 mètres** ; les courses de fond sont plus longues, et comprennent le **5 000** et le **10 000 mètres**. Il est indispensable d'avoir du souffle et de l'endurance pour franchir la ligne d'arrivée !

Sur piste, on court également quelques compétitions spéciales. La plus particulière est le **3 000 mètres steeple** : il s'agit d'une course dans laquelle les athlètes doivent franchir diverses barrières et même un fossé rempli d'eau.

Dans les **courses d'obstacles** classiques, les athlètes doivent parcourir une distance déterminée (**110 mètres** pour les hommes et **100** pour les femmes, ou **400** mètres pour les deux) en sautant des obstacles de forme rectangulaire régulièrement espacés et hauts de 1 mètre environ.

La dernière course spéciale est le **relais** : il s'agit d'une course par équipe de quatre où chaque athlète couvre une portion

déterminée de parcours avec un bâton qu'il tient à la main (le « témoin ») et qu'il doit ensuite transmettre à un de ses coéquipiers. Les relais se divisent en **4 x 100 mètres** (où chaque athlète doit parcourir 100 mètres) et **4 x 400 mètres** (où chaque athlète doit parcourir 400 mètres).

Les courses sur route

Les courses sur route sont les plus longues et les plus dures.

La plus célèbre est sûrement le **marathon**, course légendaire qui s'étend sur un parcours de 42,195 kilomètres, la distance qui séparait les anciennes cités grecques de Marathon et d'Athènes.

La **marche** est une autre célèbre compétition sur route : il s'agit d'un type de course particulier, où les athlètes doivent toujours avoir au moins un pied en contact avec le terrain. La marche se dispute sur des distances de 20 et de 50 kilomètres.

UN MARATHON QUI DURE 54 ANS !

Le marathon a donné lieu à des compétitions mémorables. Parmi de nombreux épisodes, rappelons celui, très curieux, qui a pour protagoniste l'athlète japonais Shizo Kanakuri. Il participait au marathon des **jeux Olympiques de Stockholm** de **1912**, mais il abandonna au trentième kilomètre. Il faisait tellement chaud que le coureur japonais accepta l'invitation d'un spectateur qui lui proposa de venir se rafraîchir chez lui. C'est ainsi que Kanakuri s'assit et s'assoupit. Lorsqu'il se réveilla, quelques heures plus tard, il avait tellement honte qu'il préféra se cacher. Les organisateurs le considérèrent comme disparu et son nom ne figura pas parmi les arrivés ni parmi les abandons.

En **1966**, on lui offrit la possibilité de reprendre son marathon là où il l'avait interrompu et de le terminer.
Ainsi, le temps final de sa course fut de 54 années, 8 mois, 6 jours, 8 heures, 32 minutes et 23 secondes !

Les sauts

Les sauts peuvent se diviser en deux catégories : **sauts en hauteur** et **sauts en longueur**. Dans les sauts en hauteur, les athlètes doivent essayer de sauter le plus haut possible. Le plus célèbre est justement le **saut en hauteur** : après une brève course d'élan, les participants doivent passer au-dessus d'une barre située à une certaine hauteur. Le record olympique masculin appartient à l'Américain Charles Austin, qui a sauté 2,39 mètres. C'est la Russe Yelena Slesarenko qui détient le record féminin, avec 2,06 mètres.

Une autre épreuve de cette catégorie est le **saut à la perche**. Après une brève course d'élan, les athlètes prennent appui sur un bâton spécial, la « perche », qui leur donne une impulsion pour passer au-dessus d'une barre située à une certaine hauteur. Le record

olympique masculin appartient à l'Australien Steven Hooker, avec 5,96 mètres. Chez les femmes, c'est la Russe Yelena Isinbayeva qui a franchi 5,05 mètres.

Les **sauts en longueur** sont ceux où l'athlète doit sauter le plus loin possible.

Le plus célèbre est le **saut en longueur** proprement dit, spécialité où les participants, après une course d'élan, sautent d'une ligne, appelée la « planche », dans un bac rempli de sable. Le record olympique masculin appartient à l'Américain Bob Beamon qui, en 1968, sauta 8,90 mètres. Chez les femmes, c'est l'Américaine Jackie Joyner-Kersee qui détient le record olympique avec 7,40 mètres.

Dans la même catégorie figure le **triple saut**, qui se différencie du saut en longueur par le fait que, après avoir atteint la planche, l'athlète enchaîne trois sauts en ne touchant le sol qu'avec un seul pied.

Les lancers

Les lancers constituent cette spécialité de l'athlétisme dans laquelle les participants doivent lancer un projectile le plus loin possible. Les spécialités olympiques appartenant à ce groupe sont au nombre de quatre : le lancer du poids, le lancer du javelot, le lancer du disque et le lancer du marteau.

Le **lancer du poids** consiste à lancer une boule de métal pesant 4 kilos pour les femmes et 7,26 kilos pour les hommes. L'athlète doit la lancer d'une seule main en prenant garde de ne pas sortir d'un cercle tracé au sol.

Le **lancer du javelot** consiste à lancer le plus loin possible un « javelot », sorte de lance en métal et en fibre de verre. À la différence des autres lanceurs, les « javeloteux » ne sont pas à l'arrêt, mais prennent leur élan avant de lancer leur projectile.

Le **lancer du disque** consiste à lancer un projectile de forme circulaire, en bois et en métal, le disque. Pour avoir plus de force, les athlètes, avant le lancer, effectuent une rotation.

Le **lancer du marteau** ressemble beaucoup au lancer du disque, mais le projectile envoyé est une boule de métal reliée à une poignée par un câble d'acier.

Épreuves combinées... comme c'est dur !

Pour les épreuves combinées, les athlètes doivent se mesurer dans plusieurs sports, le même jour ou deux jours de suite. Les participants doivent donc connaître différentes spécialités, chacune leur permettant d'obtenir des points en fonction de leur classement. L'**heptathlon** devient discipline olympique féminine à partir des Jeux de Los Angeles, en 1984. Sept épreuves au programme : 100 mètres haies, saut en longueur, lancer du poids, saut en hauteur, 200 mètres, lancer du javelot, 800 mètres.

Le **décathlon**, bien plus ancien et qui comprend 10 épreuves, est l'équivalent masculin : 100 mètres, saut en longueur, lancer du poids, saut en hauteur, 400 mètres, 110 mètres haies, lancer du disque, saut à la perche, lancer du javelot, 1 500 mètres.

Les grands athlètes

En dehors de ceux que nous avons déjà cités, de nombreux athlètes ont écrit des pages légendaires. Ainsi, l'Américain **Michael Johnson**, recordman du 400 mètres, le Jamaïcain **Usain Bolt**, champion olympique du 100 et du 200 mètres, l'Éthiopien **Kenenisa Bekele**, qui détient le record olympique du 5 000 mètres, et l'Américaine **Florence Griffith-Joyner**, championne du 100 et du 200 mètres féminin. N'oublions pas non plus l'Américain **Jesse Owens**, qui, à Berlin, en 1936, remporta 4 médailles d'or (100 et 200 mètres, 4 x 100 mètres et saut en longueur), record qu'égala son compatriote **Carl Lewis**.

Marathon aux pieds nus

Certains athlètes africains sont entrés dans la légende parce qu'ils ont couru sans chaussures. Le plus célèbre est sans doute l'Éthiopien **Abebe Bikila**, qui, aux jeux Olympiques de Rome, en 1960, arriva premier au marathon pieds nus : en effet, pendant la course, il avait eu quelques problèmes avec une chaussure, et avait décidé d'enlever les deux. Bikila gagna également quatre ans plus tard à Tokyo et fut le premier athlète à remporter deux éditions successives du marathon.

1
2
3

Pentathlon moderne

Le pentathlon moderne est un sport exclusivement réservé aux hommes. Cette discipline comporte cinq compétitions : natation, tir au pistolet, escrime, équitation et course. L'épreuve de tir exige d'atteindre une cible placée à 10 mètres avec un pistolet à air comprimé ; l'épreuve de natation est un 200 mètres nage libre ; l'arme utilisée dans la discipline d'escrime est l'épée ; la discipline d'équitation consiste en un saut d'obstacles ; enfin, l'épreuve de course est un cross-country de 3 000 mètres. Ce pentathlon est dit « moderne » pour le distinguer du pentathlon antique, qui mêlait saut en longueur, lancer du javelot, course, lancer du disque et lutte.

Triathlon

Le triathlon est une autre épreuve très dure, car, là aussi, les athlètes doivent pratiquer plusieurs disciplines. Le triathlon est aussi bien masculin que féminin et comporte trois épreuves : 1,5 kilomètre à la **nage**, 40 kilomètres à **bicyclette** et 10 kilomètres en **course** à pied. Les athlètes qui participent à cette compétition doivent être dotés d'une grande endurance.

Un sport né... pour le sport !

Le triathlon est né presque par jeu. En 1977, sur une plage d'Honolulu, à **Hawaï**, des amis discutaient pour savoir quelle était la compétition qui exigeait la plus grande endurance. À l'époque existaient trois compétitions célèbres pour leur dureté : la « Waikiki Rough Water Swim », l'« Around Oahu Bike Race » et le marathon d'Honolulu. Pourquoi ne pas les réunir et les enchaîner l'une derrière l'autre ? Tout le monde éclata de rire à cette **« folle » idée**, qui semblait une plaisanterie, mais c'est ainsi qu'est né le triathlon !

Gymnastique

La gymnastique est l'un des sports les plus anciens de l'histoire des jeux Olympiques. Présente dès 1896, elle a été ouverte à la participation des femmes en 1928.
Pendant les jeux Olympiques, on pratique surtout des exercices de gymnastique artistique. Il s'agit d'une des disciplines de la gymnastique prévues par le programme olympique, avec la gymnastique rythmique (réservée aux femmes) et le trampoline.

Anneaux, cheval, barres parallèles...

Les hommes et les femmes ne pratiquent pas les mêmes exercices de gymnastique artistique. Les hommes concourent au sol, au cheval d'arçons, aux anneaux, au saut de cheval, aux barres parallèles et à la barre fixe. Les femmes, quant à elles, travaillent au saut de cheval, aux barres asymétriques, à la poutre et au sol.
Examinons le détail de ces disciplines.

Cheval d'arçons : c'est un agrès de 1,15 mètre de hauteur, doté de deux poignées hautes de 12 centimètres. L'athlète doit enchaîner des mouvements en appui sur ses mains ; en effet, si ses pieds venaient à toucher le cheval, il se verrait infliger une pénalité. Par la seule force des bras, l'athlète doit donc effectuer des séries de ciseaux et de cercles avec les bras et les jambes tendus.

Anneaux : c'est un agrès qui demande une force physique considérable. L'athlète doit se suspendre par les mains à deux cordes au bout desquelles sont attachés deux anneaux, et il doit effectuer des rotations. L'un des plus grands athlètes dans cette spécialité est l'Italien Jury Chechi, surnommé le « Seigneur des anneaux » après avoir remporté la médaille d'or à Atlanta, en 1996.

Saut de cheval : c'est un exercice dans lequel les athlètes doivent prendre leur élan, sauter sur un tremplin, puis prendre appui avec les mains sur le cheval et atterrir debout de l'autre côté de l'obstacle. La seule différence entre les sauts masculin et féminin est que le cheval utilisé pour les femmes est plus bas.

Barres parallèles symétriques et asymétriques : les premières sont deux barres de bois parallèles sur lesquelles l'athlète doit effectuer, en se tenant par les mains, des évolutions et des mouvements très rapides.

Les barres asymétriques ne sont pas situées à la même hauteur. En 1976, à Montréal, la gymnaste roumaine Nadia Comaneci fut la première de l'histoire à obtenir la note maximale de 10 de la part de tous les juges pour sa performance aux barres parallèles asymétriques.

Barre fixe : c'est un agrès positionné à 2,75 mètres du sol. L'athlète doit effectuer une série de rotations avant de se réceptionner sur un tapis. Parmi les spécialistes de cet agrès, citons l'Italien Igor Cassina, qui a donné son nom à un mouvement complexe et spectaculaire qu'il avait inventé, le « cassina » ; peu de gymnastes savent le reproduire.

Poutre : cet agrès n'est utilisé que par les femmes. Il s'agit d'une poutre longue de 5 mètres et large de 10 centimètres seulement, sur laquelle les athlètes doivent effectuer une série de mouvements (sauts, cabrioles, rotations) sans perdre l'équilibre.

Sol : au sol, les athlètes n'utilisent pas d'agrès, mais doivent faire des exercices (rondades, saltos, vrilles, etc.) sur un carré de tapis de 12 x 12 mètres. Pour les femmes, les épreuves au sol sont accompagnées de musique.

La gymnastique rythmique

C'est l'un des rares sports réservés aux femmes.

Les gymnastes évoluent en musique et ont recours à divers « engins » : la corde, le cerceau, le ballon, les massues et le ruban, qui contribuent à mettre en valeur l'harmonie des mouvements du corps. Aux jeux Olympiques, les compétitions de gymnastique rythmique sont individuelles et par équipe.

Le trampoline

C'est devenu un sport olympique en 2000, à Sydney. Les athlètes prennent de l'élan sur un tremplin élastique et effectuent en l'air des sauts périlleux et des figures acrobatiques. La compétition comprend un programme obligatoire et un programme libre.

Haltérophilie

L'haltérophilie est un sport qui exige d'être très musclé des bras. Les athlètes doivent soulever une barre de métal aux extrémités de laquelle sont fixés des disques, également métalliques. Est déclaré vainqueur celui qui parvient à soulever le poids le plus lourd, à le tenir en l'air pendant au moins deux secondes et à le reposer par terre sans le jeter. En cas d'égalité entre deux concurrents, le gagnant est celui qui est le plus léger.

Les catégories de costauds

Aux jeux Olympiques, ce sport est pratiqué tant par les hommes que par les femmes ; les athlètes sont répartis en sept catégories **en fonction de leur poids** : 56, 62, 69, 77, 85, 94 et plus de 105 kilos pour les hommes ; 48, 53, 58, 63, 69, 75 et plus de 75 kilos pour les femmes.

Tennis

Le tennis est un sport très ancien. En effet, il naît en Angleterre, à la fin du XIXe siècle.

Le but du jeu est de frapper une petite balle à l'aide d'une raquette et de la faire passer au-dessus d'un filet qui partage le terrain en deux. Le joueur marque des points quand il parvient à faire rebondir la balle deux fois dans le camp de l'adversaire, si celui-ci touche le filet ou envoie la balle en dehors du terrain. On joue au tennis à deux, ou à quatre par équipe de deux (on parle alors de « double »).

Les coups

Il existe plusieurs façons de frapper la balle. Les plus connues sont le coup droit, le revers, la volée et le service.

Le **coup droit** est utilisé quand la balle est frappée à la droite du corps du joueur (ou à la gauche, si le joueur est gaucher) ; au contraire, on parle de **revers** quand la balle est frappée à la gauche du corps (ou à la droite, si le joueur est gaucher).

15
0
Points
SET
30
2

La **volée** est un coup donné à la balle avant qu'elle ait touché terre.
Enfin, le **service** est le coup qui permet de mettre la balle en jeu : un joueur, immobile derrière la ligne de fond de court, doit frapper la balle à la volée.

Le comptage des points

Une partie de tennis se divise en **sets**. Pour gagner une partie, un joueur doit remporter 3 sets. Chaque set est constitué de 6 **jeux**. Pour remporter un jeu, le joueur doit marquer au moins 4 points : le premier point compte pour 15, le deuxième pour 30, le troisième pour 40 et le quatrième donne la victoire.

Tennis miniature !

Le **tennis de table**, également connu sous le nom de **ping-pong**, est un sport qui évoque le tennis. Le terrain est une table partagée par un filet ; les raquettes et les balles sont plus petites. Le comptage des points est différent : chaque coup gagnant compte pour 1 point. Les parties sont divisées en sets : pour gagner 1 set, il faut marquer 11 points, et, pour remporter une partie, gagner 3 sets.

Et vole le volant !

Le **badminton** fait partie de la même famille : il a été accueilli dans le programme olympique en 1992, année où les Jeux se sont déroulés à Barcelone.

Le badminton oppose deux joueurs (ou deux équipes de deux, quand on joue en double) qui doivent essayer de frapper non pas une balle mais un **volant**, fait en liège et en plumes, à l'aide d'une raquette.

Le but du jeu est de faire passer le volant de l'autre côté d'un filet partageant le terrain en deux, de manière à le faire tomber dans le demi-terrain adverse. Chaque fois qu'un joueur y parvient, il marque 1 point. Celui qui totalise 21 points a remporté 1 set. Pour gagner la partie, il faut gagner 3 sets.

Cyclisme

Les amoureux de la **bicyclette** (et les autres...) ne doivent pas rater les épreuves de cyclisme, sport qui fait partie du programme olympique depuis 1896. Jusqu'en 1992, seuls pouvaient prendre le départ les cyclistes amateurs ; mais, depuis 1996, les professionnels peuvent également prendre le départ. Aux Jeux, les courses sur **piste** ou sur **route** sont ouvertes aux hommes comme aux femmes.

Sur route

Les courses sur route se subdivisent en :

Course en ligne : dans cette compétition, les coureurs partent tous ensemble, doivent parcourir un certain trajet et essayer de franchir la ligne d'arrivée en tête.

Course contre la montre : les coureurs partent les uns après les autres ; le classement est établi en fonction du temps réalisé par chacun.

LUTTE CONTRE LE TEMPS !

Le premier chronomètre électronique à quartz fit son apparition aux **Jeux de Tokyo, en 1964**. Avant cela, les performances des athlètes étaient mesurées à l'aide d'un chronomètre mécanique : il n'était pas toujours facile de désigner le vainqueur, surtout dans les compétitions de cyclisme, de natation ou de course à pied, quand l'avance pouvait n'être que de quelques centièmes de seconde. En cas d'égalité, la décision était prise par des juges... qui n'étaient pas toujours d'accord entre eux !

Aujourd'hui, la **technologie** permet de connaître immédiatement les résultats avec une précision d'un millième de seconde.

Ces progrès ont profité au cyclisme : il suffit de penser que, dans une course contre la montre, quelques millièmes de seconde peuvent changer le résultat final. Dans les arrivées en peloton des courses en ligne, grâce au système de la **photo finish**, les juges peuvent visualiser immédiatement sur l'écran de leur ordinateur l'image des coureurs sur la ligne d'arrivée, avec leurs temps respectifs qui s'affichent en dessous.

Sur piste

Les courses sur piste se déroulent en intérieur, dans un bâtiment spécialement conçu, le **vélodrome**. Les spécialités sont :

Course de vitesse : individuelle ou par équipe, c'est la compétition la plus ancienne, au cours de laquelle deux coureurs se défient sur 1 kilomètre et ne lancent le sprint que dans les 200 derniers mètres.

Poursuite : individuelle ou par équipe, elle se court sur une distance de 4 kilomètres. Au début, les deux adversaires sont à l'opposé l'un de l'autre et essaient de se rattraper. Le gagnant est celui qui arrive à dépasser son adversaire ou qui réalise le meilleur temps.

Kilomètre arrêté : c'est une course contre la montre dans laquelle chaque coureur doit parcourir 1 kilomètre **sans prendre d'élan** avant le départ.

Keirin : les coureurs partent en peloton et doivent suivre une motocyclette (le « lièvre »), qui s'écarte deux tours avant la fin, pour le **sprint final**.

Hors piste

En outre, depuis 1996, le programme olympique de cyclisme s'est enrichi avec les courses de **VTT (vélo tout terrain)**, bicyclette spéciale qui permet de pédaler même sur des terrains accidentés.

Il existe par exemple la course de **cross-country** : les coureurs doivent effectuer plusieurs tours sur un circuit vallonné de 40 à 50 kilomètres.

En 2008 a été introduite la spécialité de **BMX**. Les vélos utilisés n'ont pas de dérailleur et sont plus petits que le VTT. Les compétitions de BMX se déroulent sur des parcours semblables à ceux du motocross, sur 400 mètres de distance : les cyclistes doivent donc affronter des bosses, des virages et d'autres obstacles dans le meilleur temps possible.

Natation

Parmi tous les sports olympiques individuels, la natation occupe certainement un rôle de tout premier plan. Durant les Jeux, les compétitions se déroulent toutes dans de grands bassins de 50 mètres de long. Comme en athlétisme, les compétitions de natation peuvent se diviser en deux spécialités : courses de **vitesse** et courses d'**endurance**.

Brasse, dos et papillon

On peut se déplacer dans l'eau de bien des manières. Mais, avec le temps, certains **styles** ont été définis pour permettre aux athlètes de **nager** le plus vite possible. On compte quatre styles en tout : la nage libre, la brasse, le dos et le papillon.

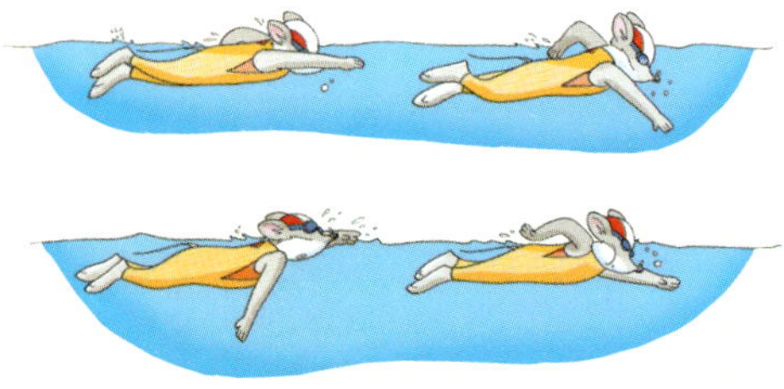

Nage libre : comme son nom l'indique, dans ce style, l'athlète peut nager comme il le veut. Toutefois, presque tous pratiquent le **crawl**, qui consiste en un battement continu des jambes et une rotation alternative des bras.

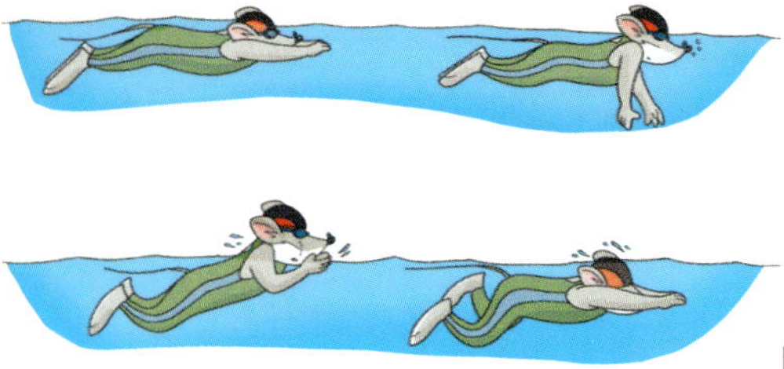

Brasse : c'est le style le plus lent. Les nageurs imitent les mouvements d'une grenouille dans l'eau, tendant, écartant et regroupant les bras et les jambes.

Dos : les athlètes doivent nager sur le dos, en faisant pivoter les bras l'un après l'autre et en battant continuellement des pieds dans l'eau.

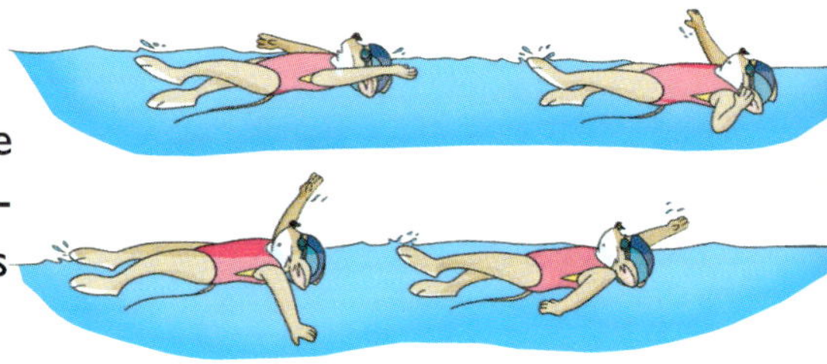

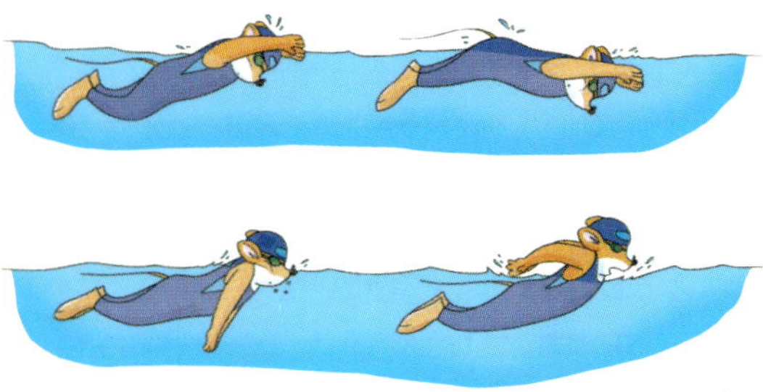

Papillon : comme le suggère son nom, ce style rappelle le vol du **papillon**. Il consiste à effectuer des moulinets avec les bras, tandis que les jambes battent l'eau.

Les compétitions olympiques

Chaque style est pratiqué sur différentes distances. Les courses les plus brèves, celles de **vitesse**, se disputent sur **50** (seulement en nage libre), **100**, **200** et **400 mètres**. Les courses d'**endurance** se disputent sur **1 500 mètres** pour les hommes (seule la nage libre est pratiquée dans ce type de compétition) et sur **800 mètres** pour les femmes.

Comme en athlétisme, il y a des courses de **relais** : le **4 x 100**, le **4 x 200** nage libre et le **4 x 100** quatre nages, au cours duquel chacun des quatre coéquipiers nage dans un style différent les 100 mètres de course qui lui reviennent. Au lieu du « témoin » à transmettre, il suffit que les nageurs touchent le bord de la piscine pour donner le départ à leurs camarades.

À partir des jeux Olympiques de Pékin, en 2008, une nouvelle épreuve fait son entrée, pour les hommes comme pour les femmes : le 10 kilomètres en eau libre. Il s'agit d'une sorte de marathon de la natation, qui se déroule dans des eaux libres (par exemple, dans la mer) ou dans un bassin artificiel et qui demande une grande endurance.

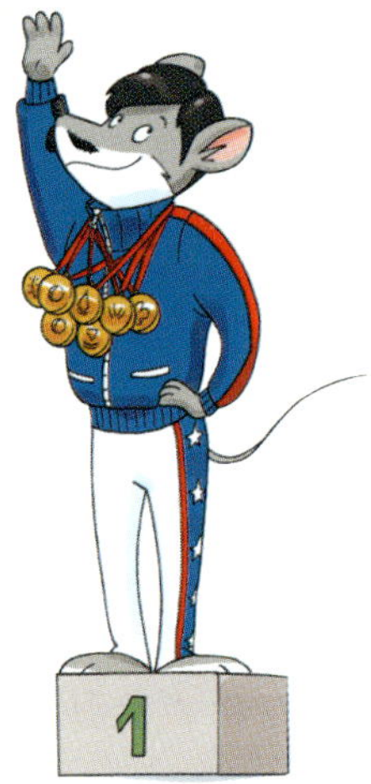

Les grands nageurs

Avec ses huit médailles d'or remportées en une seule olympiade, à Pékin, en 2008, l'Américain **Michael Phelps** a réussi à battre le record de son compatriote **Mark Spitz**, qui en avait obtenu sept en 1972, à Munich. Avec seize médailles au total (quatorze en or, deux en bronze), Michael Phelps est tout simplement le sportif le plus médaillé de l'histoire des Jeux.

Le Russe **Alexander Popov**, surnommé le « tsar de toutes les piscines », est également un nageur d'exception. Son tableau compte quatre médailles d'or et cinq d'argent.

Un autre très grand nageur est l'Australien **Ian Thorpe**, qui a remporté cinq médailles d'or, trois d'argent et une de bronze.

Parmi les femmes, la grande **Jenny Thompson**, une des athlètes les plus médaillées du monde, reste inégalée : douze médailles olympiques (huit d'or, trois d'argent et une de bronze), mais il ne faut pas oublier les quatre médailles d'or de l'Australienne **Dawn Fraser** ou celles de la Néerlandaise **Inge de Bruijn**.

Plongeon

En plus du water-polo et de la natation, un autre sport se pratique en piscine : le plongeon. Bien qu'il ne soit pas très populaire, ses épreuves sont très suivies aux jeux Olympiques, car elles sont très spectaculaires. Diverses épreuves ont lieu : sauts à partir du tremplin, d'une plate-forme, et plongeons synchronisés.

Le **tremplin** est situé à 3 mètres au-dessus de l'eau : les plongeurs prennent leur élan en sautant sur le tremplin et doivent effectuer diverses acrobaties avant d'entrer dans l'eau tête la première.

Il en va de même avec le **haut vol**, c'est-à-dire les **plongeons de la plate-forme**, située à 10 mètres de hauteur, et sur laquelle les plongeurs prennent leur élan avant d'entrer dans l'eau.

Les **plongeons synchronisés**, introduits aux jeux Olympiques de 2000, sont effectués par deux plongeurs qui tentent de réaliser en même temps le même type de figures.

Water-polo

Le water-polo a été introduit aux jeux Olympiques de Paris de 1900. Cette année-là, ce fut la Grande-Bretagne, pays qui avait inventé ce sport, qui remporta la compétition. Le premier **tournoi féminin** s'est déroulé à Sydney en 2000.

Marquer un but… dans l'eau !

Les parties de water-polo se déroulent dans une **piscine**, équipée, à chacune de ses extrémités, d'une cage flottante dans laquelle les joueurs doivent envoyer le ballon pour marquer un but.

Chaque **équipe** comporte 7 joueurs, en comptant le gardien de but, et les parties sont divisées en quatre périodes de 8 minutes. Pour les femmes, les règles sont un peu différentes : la longueur de la piscine est inférieure et le ballon légèrement plus petit.

Les champions hongrois

L'équipe de water-polo qui a remporté le plus de médailles d'or aux jeux Olympiques est la **Hongrie**, avec 9 titres. Puis viennent la **Grande-Bretagne**, avec 4 médailles, et, à égalité, la **Yougoslavie** et l'**Italie**, avec 3 titres chacune.

Une finale de légende !

La partie de water-polo la plus palpitante des jeux Olympiques fut la finale **Italie-Espagne** à Barcelone, en 1992.

L'équipe italienne remporta la victoire par 9 à 8 après sept périodes supplémentaires !

Dans cette équipe jouaient de grands champions, comme Mario Fiorillo, Alessandro Campagna et les frères Francesco et Giuseppe Porzio.

Gardien de but, reste où tu es !

Au water-polo, il est obligatoire de porter un **bonnet**. L'un des rôles les plus difficiles à tenir est celui de gardien de but : en effet, ce joueur doit avoir une **grande force dans les jambes** pour prendre son élan et essayer d'arrêter les tirs des adversaires. Une des règles qui différencient le gardien de but au water-polo des gardiens de but d'autres sports est qu'il ne peut jamais sortir de son camp.

Marquer un but en... 30 secondes

L'une des règles les plus importantes du water-polo est que l'équipe qui attaque doit tirer en direction de la cage **dans les 30 secondes** qui suivent le moment où elle s'est emparée du ballon. Si cela ne se produit pas, l'arbitre siffle une faute en faveur des adversaires, lesquels, à leur tour, peuvent lancer une nouvelle attaque.

Natation synchronisée

Natation synchronisée

C'est à partir de 1984 que la **natation synchronisée** a été introduite dans le programme olympique.
Cette discipline trouve son origine dans les danses aquatiques qui, à l'époque romaine, étaient pratiquées pour divertir les invités d'une fête.
Aujourd'hui, la natation synchronisée est un sport tant individuel que collectif, exclusivement réservé aux **femmes**, et où les athlètes exécutent des exercices chorégraphiques sur de la musique.
Aux jeux Olympiques, les gagnantes sont désignées par un jury qui note les mouvements et la difficulté des exercices.

Aviron

L'aviron est une des disciplines les plus anciennes des jeux Olympiques.

Les bateaux utilisés sont longs et effilés ; on les manœuvre à la rame.

Les courses d'aviron peuvent se dérouler sur la mer, sur un lac ou sur un fleuve : la distance à parcourir est de **2 000 mètres** pour les hommes comme pour les femmes. Le gagnant est celui qui a couvert la distance le plus vite.

Selon les courses, les athlètes utilisent une ou deux rames. Voyons, dans le détail, toutes les spécialités représentées aux jeux Olympiques.

Compétition individuelle : le bateau est manœuvré par un seul athlète, qui utilise 2 rames, une dans chaque main.

Deux en couple : le bateau est manœuvré par 2 athlètes, chacun étant doté de 2 rames, une par main.

Quatre en couple : le bateau est manœuvré par 4 athlètes, chacun étant doté de 2 rames, une par main.

Deux avec barreur : outre les rameurs, un barreur prend place dans le bateau : c'est lui qui dirige l'embarcation en manœuvrant la **barre**. En outre, les athlètes n'utilisent qu'une rame chacun : un athlète rame du côté gauche, un autre du côté droit.

Deux sans barreur : les athlètes rament de la même façon, mais il n'y a pas de barreur dans le bateau.

Quatre avec barreur : comme son nom l'indique, un barreur et 4 athlètes sont présents dans le bateau. Chacun de ceux-ci a une seule rame : 2 rament du côté droit et 2 du côté gauche.

Quatre sans barreur : en dehors du fait qu'il n'y a pas de barreur, tout se passe comme pour le quatre avec barreur.

Canoë-kayak

On distingue deux types de bateaux, tous deux manœuvrés à l'aide de rames appelées **pagaies** : le canoë et le kayak.

Le **canoë** est un bateau à l'intérieur duquel les athlètes sont agenouillés et rament, toujours du même côté, avec une pagaie à une pale, ou pagaie simple. Le canoë est habituellement désigné par l'initiale C.

Dans le **kayak**, les athlètes sont assis et rament, d'un côté puis de l'autre, à l'aide d'une pagaie à deux pales, la pagaie double. Le kayak est habituellement désigné par l'initiale K.

Le canoë et le kayak peuvent être manœuvrés par un ou par plusieurs athlètes : dans le cas où il y a plusieurs athlètes, le bateau est désigné de la lettre C ou K, suivi du nombre de rameurs. En canoë, le nombre maximal d'athlètes est de 2 par bateau (ainsi, il n'y aura que des courses de **C1** et de **C2**), tandis que, en kayak, on peut concourir seul (**K1**), par paire (**K2**) ou à 4 (**K4**).

Deux types de spécialités sur fleuve sont prévus aux jeux Olympiques : les courses de **vitesse** (500 et 1 000 mètres) et les courses de **slalom**. Les femmes se contentent des compétitions de kayak sur 500 mètres et du slalom. Dans toutes les courses, le vainqueur est celui qui a mis le moins de temps pour effectuer le parcours.

Voile

La **voile** a été accueillie dans le programme des Jeux en 1900. Aux régates olympiques (on appelle **régate** une course entre bateaux) participent des bateaux de différents types, qui se distinguent par les dimensions de la **coque**, la superficie des **voiles**, les matériaux de construction et la composition de l'équipage. Sur la base de ces caractéristiques, les bateaux sont répartis en différentes classes, parmi lesquelles on trouve… une planche à voile, la RS:X. On compte ainsi 4 spécialités pour les hommes et 4 pour les femmes. Les spécialités masculines sont : **Finn**, **470**, **RS:X**, **Star**, **49er** et **Laser** ; pour les femmes : **470**, **Laser Radial**, **RS:X** et **Match Racing: Elliott 6m**.

470
470
103
103

Volley-ball

Le volley-ball est l'un des sports les plus populaires et les plus spectaculaires. Il a été introduit dans le programme olympique en 1964, en tant que discipline masculine et féminine.

Comment joue-t-on au volley-ball ?

Le volley-ball se joue à deux équipes de **6 joueurs** chacune, sur un terrain séparé en deux par un filet. Chaque partie est divisée en **sets**. Pour remporter 1 set, il faut marquer 25 points. L'équipe qui réussit à gagner 3 sets a remporté la partie.

Le but du jeu est d'envoyer le ballon de l'autre côté du **filet** et à l'intérieur des lignes de délimitation du **terrain**, de telle manière que les adversaires n'arrivent pas à le rattraper et ne puissent l'empêcher de toucher le sol.

Une moisson de médailles

C'est l'équipe de l'**Union soviétique** qui a gagné le plus grand nombre de médailles d'or aux jeux Olympiques. L'équipe masculine a conquis trois titres en 1964, 1968 et 1980, tandis que l'équipe féminine a emporté quatre fois la première place, en 1968, 1972, 1980 et 1988.

Manchette, smash et bloc

Bien que les règles du volley-ball prévoient que le ballon peut être frappé par n'importe quelle partie du corps au-dessus de la taille (et donc y compris par la tête !), les joueurs utilisent habituellement leurs mains pour donner plus de force au ballon. On compte cinq touches de base.

Service : un joueur, placé derrière la ligne de fond de son terrain, frappe la balle pour la mettre en jeu. Quand il marque un point directement sur son service, on dit qu'il a fait un **ace**.

Manchette : c'est la touche qui permet de renvoyer la balle. Le joueur joint les deux bras et tient ses deux mains légèrement superposées.

Passe : c'est une des touches les plus importantes. Il s'agit, en frappant la balle du bout des doigts, de la passer à un coéquipier qui pourra ainsi smasher dans le camp adverse.

Smash : c'est la touche la plus spectaculaire. Une fois la balle transmise par un coéquipier, le smasher la frappe avec autant de force que possible pour marquer un point.

Bloc (ou contre) : on parle d'un bloc quand, pour tenter de repousser un smash, un ou plusieurs athlètes d'une équipe sautent en l'air, les bras tendus au-dessus du filet.

15 - 10

Volley-ball... à la plage !

Depuis les jeux Olympiques d'Atlanta, en 1996, a été introduite une nouvelle version du volley-ball : le **beach volley**, c'est-à-dire le « volley-ball de plage ».

Né comme simple passe-temps estival, le beach volley se différencie du volley-ball classique par trois éléments : le **terrain** de jeu est plus petit, la surface du terrain est faite de **sable** et chaque équipe est composée de **2 joueurs**.

Des signes... pour se défendre !

Au beach volley, les joueurs de chaque équipe communiquent entre eux par gestes. Pour que leurs adversaires ne les voient pas, ils font ces gestes en plaçant la main dans leur dos. En général, il existe trois sortes de **signaux** (un doigt tendu, deux doigts tendus et le poing fermé qui indiquent la **tactique défensive** à adopter).

Basket-ball

Le **basket** fait partie du programme olympique depuis les Jeux de 1936, à Berlin. Le tournoi féminin a été introduit à Montréal en 1976. Une partie de basket oppose deux équipes de **5 joueurs**. Le but du jeu est d'envoyer le ballon (qui, la plupart du temps, est de couleur orange) à l'intérieur d'un **panier** situé à 3,05 mètres de hauteur. La partie dure en tout 40 minutes, elle est subdivisée en 4 périodes de 10 minutes chacune.

Les temps changent... et les règles aussi !

Certaines règles du basket ont changé au fil des années. L'une des plus importantes concerne le **panier à trois points**, introduit au niveau international en 1983. Un tir vaut 3 points (au lieu de 2) quand il est effectué derrière une ligne placée à 6,75 mètres du panier.

Un panier ne vaut que 1 point en cas de **lancer franc**, c'est-à-dire quand un tir est accordé après qu'une équipe a commis une **faute** dans son propre camp et que le joueur qui en a été victime a le droit de tirer sans aucun adversaire devant lui.

Les étoiles américaines débarquent !

Les jeux Olympiques de Barcelone, en 1992, méritent vraiment de rester dans les annales : pour la première fois, les joueurs professionnels furent autorisés à participer aux compétitions. L'équipe américaine comptait des champions tels que Michael Jordan, Magic Johnson et Larry Bird. Elle fut surnommée la Dream Team, c'est-à-dire l'« **équipe de rêve** » : en effet, elle remporta toutes les parties avec une grande facilité et s'adjugea la médaille d'or.

Les plus médaillés

Bien avant l'arrivée des professionnels de la **NBA** (le championnat des stars américaines), les États-Unis ont fait une razzia sur les médailles d'or.
Au total, l'équipe nationale masculine américaine s'est adjugé 13 premières places, tandis que l'équipe féminine est montée 6 fois sur la plus haute marche du podium.

Une partie historique

La plus célèbre et la plus controversée des parties de basket des jeux Olympiques fut la finale disputée entre l'**Union soviétique** et les **États-Unis** à Munich en 1972.
L'Union soviétique remporta le match par 51 à 50 à la dernière seconde, mais, pour protester contre une décision de l'arbitre qui, à leur avis, avait influencé le dénouement de la partie, les Américains ne se présentèrent pas à la remise des décorations.

Football

Bien que le football soit probablement le sport le plus connu dans le monde, il est presque considéré comme une discipline mineure aux jeux Olympiques. Cela s'explique peut-être par le fait que, dans le **tournoi masculin**, les équipes doivent être composées de joueurs âgés de **moins de 23 ans**, à l'exception de trois d'entre eux.

Des chiffres...

Le tournoi de football masculin s'est déroulé lors de toutes les éditions des Jeux, à l'exception de 1896 et de 1932. Le tournoi féminin n'a été introduit qu'en 1996. Chez les hommes, les équipes qui ont remporté **le plus grand nombre de médailles d'or** sont la **Grande-Bretagne** et la **Hongrie**, qui sont montées

trois fois chacune sur la plus haute marche du podium.
Chez les femmes, ce sont les **États-Unis** qui dominent, en ayant remporté trois fois la compétition.

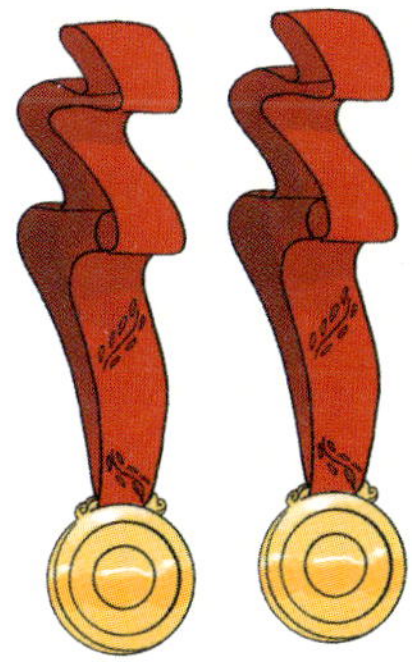

Le gardien est l'un des nôtres !

Chaque équipe de football est composée de 11 joueurs, y compris le gardien de but. Le but du jeu est d'**envoyer le ballon** dans les filets de l'équipe adverse en le frappant avec les pieds, avec la poitrine ou avec la tête. Une partie dure 90 minutes, divisée en deux mi-temps de 45 minutes. Comme pour bien d'autres sports, les règles du football ont évolué au fil des années.
Le changement le plus important concerne la **passe au gardien de but**. Jusqu'au début des années 1990, le gardien pouvait prendre le ballon avec les mains quand un coéquipier lui avait fait une passe. Aujourd'hui, quand un coéquipier lui fait une passe, le gardien est obligé de renvoyer la balle avec les pieds. Cette règle a rendu le jeu **plus rapide et plus spectaculaire**.

Les grands d'Afrique

Deux **équipes africaines** ont remporté la médaille d'or : en 1996, le **Nigeria** battit l'Argentine (3-2), et en 2000 le **Cameroun** s'imposa contre l'Espagne aux tirs au but (5-3).

Les Italiens troisièmes aux jeux Olympiques... mais vainqueurs de la Coupe du monde !

Cinq des joueurs de l'**Italie** qui ont participé aux jeux Olympiques d'Athènes de 2004, où l'équipe italienne n'avait obtenu que la troisième place, ont ensuite remporté la **Coupe du monde de football en 2006**. Il s'agit du gardien de but Marco Amelia, du défenseur Andrea Barzagli, des milieux Andrea Pirlo et Daniele De Rossi, et de l'attaquant Alberto Gilardino.

Handball

Comme au football et au basket, il s'agit, dans ce sport, de **marquer des buts**.

Chaque équipe est composée de 7 joueurs, en comptant le gardien, et les matchs durent 60 minutes divisées en 2 mi-temps de 30 minutes. Comme son nom l'indique, au hand-ball, les joueurs doivent lancer le ballon vers les buts adverses avec les **mains**. Un joueur à l'arrêt ne peut tenir le ballon à la main pendant plus de 3 secondes et ne peut pas faire plus de **trois pas** sans passer la balle à un coéquipier. On ne peut **tirer vers les buts** que si l'on se trouve en dehors de la surface de but. Des équipes masculines et féminines participent aux jeux Olympiques.

Hockey sur gazon

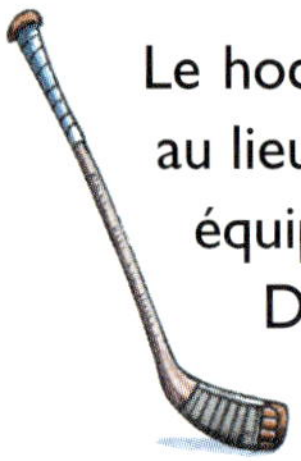

Le hockey sur gazon ressemble beaucoup au football mais, au lieu de frapper la balle avec les pieds, les joueurs (11 par équipe en comptant le gardien) utilisent une **crosse**.

Dans ce jeu, qui se déroule sur un terrain gazonné ou synthétique, il s'agit évidemment de **marquer des buts**.

Le hockey sur gazon a fait sa première apparition aux jeux Olympiques de Londres de 1908.

Boxe

La **boxe** est surnommée le « noble art » parce que, en dépit de sa réputation de sport violent, elle nécessite des qualités telles que le courage, la force et l'intelligence.

Les combats de boxe se déroulent sur une estrade carrée, le **ring**, entourée de cordes élastiques.

Le but du combat est de **mettre K.-O.** l'adversaire, c'est-à-dire de l'envoyer au tapis, en le frappant à coups de poing au-dessus de la taille.

Pour atténuer la puissance des coups, les boxeurs portent de gros **gants** rembourrés.

Les athlètes masculins sont répartis en diverses catégories en fonction de leur poids : poids mi-mouche, poids mouche, poids coq, poids léger, poids super léger, poids welter, poids moyen, poids mi-lourd, poids lourd, poids super lourd. Les athlètes féminines sont réparties en 3 catégories : poids mouche, poids léger, poids moyen.

La boxe au cinéma

La boxe a inspiré de nombreux films. Parmi les plus célèbres, rappelons la saga ***Rocky***, interprétée par Sylvester Stallone.

Lutte

Deux styles de lutte sont pratiqués aux jeux Olympiques : la **lutte libre** et la **lutte gréco-romaine**.

Bien qu'ils se ressemblent beaucoup, ces deux sports se différencient par quelques aspects : en effet, dans la lutte **gréco-romaine**, les athlètes ne sont autorisés à utiliser que leurs bras et la partie supérieure de leur corps.

La **lutte libre**, quant à elle, comporte une plus grande variété de prises et permet l'utilisation des jambes.

Dans ces deux spécialités, l'objectif des lutteurs est

de **faire tomber** l'adversaire au sol et de maintenir ses deux épaules collées au tapis. Cela équivaut à un K.-O. : pour y parvenir, les lutteurs doivent effectuer différentes prises, auxquelles sont attribués des points (de 1 à 5 selon la difficulté). Si une rencontre ne se termine pas par la mise au tapis, c'est le décompte des **points** qui permet de décréter qui est victorieux. La lutte libre est également pratiquée par des **femmes**.

Les lutteurs sur la balance

Pour que le combat soit équilibré et que les athlètes aient des chances égales de remporter la victoire, les lutteurs s'affrontent par catégorie de poids :

Hommes	Femmes
-55	-48
55-60	48-55
60-66	55-63
66-74	63-72
74-84	
84-96	
96-120	

Judo et taekwondo

Le **judo**, né au Japon, fait partie du programme olympique depuis 1964. Les combats opposent deux athlètes sur un tapis carré.
Chaque athlète porte une veste, un pantalon et une ceinture de couleur. La **couleur de la ceinture** indique la force des concurrents : plus elle est sombre, plus l'athlète est expérimenté. Aussi, seuls ceux qui ont la ceinture noire participent aux jeux Olympiques.
On combat pieds nus, et le but est d'immobiliser l'adversaire en employant diverses techniques bien définies qui incluent l'utilisation des bras et des jambes. Le judo est aussi une **philosophie** de la vie. Le **judoka**, c'est-à-dire celui qui pratique le judo, doit en effet posséder certaines qualités qui vont au-delà de son aspect sportif, comme le courage, la sincérité, l'honneur, la modestie, le respect et le contrôle de soi.
Les 14 **catégories de combat** sont définies en fonction du poids : les hommes vont de moins de 60 à plus de 100 kilos, les femmes de moins de 48 à plus de 78 kilos.

Le **taekwondo** est un sport proche du judo. Cette discipline est également née en Orient, plus précisément en Corée, il y a plus de deux mille ans.
Le taekwondo fait partie des sports olympiques depuis les Jeux de Sydney, en 2000.
Les athlètes, répartis en catégories de poids (4 par sexe), portent la traditionnelle tenue blanche (le **dobok**) avec une ceinture, sont munis de protections (casque et plastron électronique) et combattent sur un tapis carré. Les coups retenus pour le comptage des points peuvent être portés directement au tronc ou au visage de l'adversaire en utilisant le pied ; les poings ne peuvent viser que le tronc.

Deux noms, deux significations

Le terme *judo* vient des mots japonais *ju* (souplesse) et *do* (voie). La philosophie de ce sport est donc contenue dans la traduction de son nom.
Le mot *taekwondo*, quant à lui, est formé par trois mots coréens : *tae* (frapper avec le pied), *kwon* (poing) et *do* (art). En les reliant, on obtient la signification de cette discipline : l'« art du pied et du poing ».

Escrime

L'escrime est une des disciplines les plus élégantes des jeux Olympiques. En effet, il s'agit d'un sport d'origine noble qui exige de l'habileté, de la concentration et de l'endurance.
Les armes utilisées ne sont guère dangereuses : un escrimeur n'essaie jamais de faire mal à son adversaire. L'escrime est un sport individuel, les combats (**assauts**) opposent toujours deux athlètes (**tireurs**) ; les compétitions par équipe ne sont rien d'autre que l'addition de combats singuliers.
Chaque athlète porte une combinaison blanche spéciale et un masque de protection pour la tête. Aux jeux Olympiques participent les hommes autant que les femmes.
Les assauts se déroulent sur une surface métallique spéciale (**piste**).

L'objectif des athlètes est de toucher leur adversaire avec leur arme. La durée des combats est limitée à environ 6 minutes pour les hommes et à 5 pour les femmes.
L'escrime comporte trois spécialités différentes, qui prennent le nom de l'arme utilisée.

Fleuret : c'est l'arme la plus élégante et la plus simple à utiliser. Le fleurettiste est un athlète qui a besoin d'agilité et de bonnes capacités techniques plus que de muscles. Dans les combats au fleuret, on a le droit de toucher l'adversaire dans toutes les parties du corps.

Épée : cette arme est plus lourde que le fleuret et convient mieux à des athlètes plus forts. Dans ce cas également, il est permis de toucher l'adversaire sur tout le corps.

Sabre : c'est une spécialité beaucoup plus rapide que le fleuret et l'épée. Le sabreur doit avoir une excellente résistance physique et un jeu de jambes très mobile. Les règles sont également différentes : au sabre, on ne peut toucher l'adversaire qu'au-dessus de la taille, y compris les bras et la tête.

Tir

Les spécialités de tir admises aux jeux Olympiques sont au nombre de trois : le **tir à l'arc**, le **tir au vol** et le **tir à la cible**.

Le **tir à l'arc** est la plus ancienne de ces trois disciplines, puisqu'elle a fait son apparition aux jeux Olympiques dès 1924. Les archers doivent tirer une flèche sur une **cible** de 122 centimètres de diamètre située à une distance de 70 mètres. La cible est constituée de cercles concentriques comptant pour 1 à 10 points en partant de l'extérieur. Lorsqu'une flèche touche une ligne de séparation entre deux cercles, elle marque le point le plus élevé.

Le **tir au vol** se pratique en terrain découvert. Les athlètes doivent tirer au fusil sur des **plateaux** d'argile qui sont lancés par une machine à diverses hauteurs et selon des trajectoires variées. Le vainqueur est celui qui a atteint le plus grand nombre de plateaux.

Le **tir à la cible**, enfin, est pratiqué avec des armes de calibre réduit et à air comprimé (pistolet et carabine) ; les cibles sont représentées par des silhouettes, immobiles ou en mouvement, fixes ou tournantes. Là aussi, le vainqueur est celui qui atteint le plus grand nombre de cibles.

Quels réflexes !

Les compétitions de tir au vol se divisent en trois spécialités : **fosse olympique**, **skeet** et **double trap**. Dans la première, le tireur connaît le moment où le plateau est lancé, mais pas sa direction ; dans la deuxième, il connaît la direction, mais pas le moment où le plateau est lancé ; dans la troisième enfin, le tireur dispose de deux cartouches pour frapper deux plateaux qui partent au même moment dans des directions opposées.

Équitation

L'équitation est un des sports les plus spectaculaires et intéressants, aussi bien pour les pratiquants que pour les spectateurs. Durant les jeux Olympiques, chevaux et cavaliers concourent dans trois spécialités.

Dressage : dans cette compétition, il faut exécuter en un temps limité une quarantaine de mouvements précis. Des notes sont attribuées par des juges qui évaluent la bonne exécution des mouvements. Dans le dressage par équipe, les mouvements synchronisés sont exécutés en même temps par trois cavaliers d'une même équipe.

Concours complet : il s'agit d'une compétition individuelle ou par équipe qui prévoit trois épreuves : la première comporte une série de mouvements, la deuxième un parcours à effectuer à diverses vitesses, et la troisième des sauts d'obstacles.

Saut d'obstacles : le cavalier et le cheval doivent effectuer un parcours comprenant différents obstacles fixes et des fossés remplis d'eau ; des pénalités interviennent lorsqu'une erreur a été commise pendant le parcours.

PAR MILLE MIMOLETTES ! ANECDOTES SUR LES JEUX OLYMPIQUES D'ÉTÉ

• Un cycliste très sportif

En 1896, durant la finale des 100 kilomètres de cyclisme sur piste (compétition aujourd'hui disparue), le coureur français Léon Flameng fit preuve d'une grande sportivité. Quand il s'aperçut que son adversaire, le Grec Georgios Kolettis, avait un pneu crevé, il s'arrêta et attendit que son rival ait réparé. Flameng gagna tout de même la course avec 11 tours d'avance.

• Vole, colombe blanche, vole !

Lors des premiers jeux Olympiques des temps modernes, en 1896 à Athènes, les vainqueurs des compétitions ceignaient leur tête d'une couronne d'olivier et étaient invités à faire un tour d'honneur accompagnés par la chorégraphie d'une centaine de colombes qu'on lâchait dans le ciel.

• Natation dans le fleuve

Aux Jeux de Paris de 1900, tous les records de natation furent battus... parce que les compétitions se déroulaient dans la Seine, dans le sens du courant !

• Riches cadeaux et colifichets

Toujours aux Jeux de Paris de 1900, les vainqueurs reçurent, en guise de prix, des parapluies et des livres, et non pas, comme l'avait demandé Coubertin, une médaille, un diplôme et un rameau de laurier, en souvenir des compétitions de l'Antiquité !

• Une arrière-grand-mère à cheval

L'écuyère anglaise Lorna Johnstone participa aux jeux Olympiques de Munich, en 1972, à l'âge de 70 ans, peu avant de devenir arrière-grand-mère.
Elle se classa à la douzième place, mais fut la meilleure de son équipe.

• Vaincre les yeux fermés…

Le sprinter canadien Earl Thomson, médaille d'or du 110 mètres haies en 1920 à Anvers, était tellement fort et tellement bien préparé dans sa spécialité que, au cours de l'entraînement, il parvenait à courir les yeux bandés sans renverser aucun obstacle.

Que sont les jeux Paralympiques ?

Environ 4 000 athlètes de 146 nations ont participé aux jeux Paralympiques de Pékin, en 2008, concourant dans 20 sports différents ; aux jeux Paralympiques d'hiver de Vancouver, en 2010, ils étaient 500 environ.

Mais l'histoire de ces Jeux a commencé il y a bien longtemps. Nous sommes en 1948. La Seconde Guerre mondiale est terminée depuis peu et un médecin anglais a l'idée d'utiliser le sport pour rééduquer les anciens combattants blessés. C'est ainsi qu'il organise les **Jeux de Stoke Mandeville**, au moment où les jeux Olympiques se déroulent à Londres.

Le succès est tel que, avec les années, ces jeux deviennent **internationaux** : à l'occasion des Jeux de Rome, en 1960, 400 athlètes porteurs de handicaps physiques ou mentaux, et provenant de 23 nations, y participent.

C'est à Séoul, en 1988, que pour la première fois les athlètes handicapés utilisent les **mêmes installations** que celles des compétitions olympiques. De là vient le nom de jeux Paralympiques, c'est-à-dire des Jeux qui se déroulent parallèlement aux jeux Olympiques et en sont le complément.

Les disciplines d'été pratiquées à Pékin en 2008 étaient au nombre de 20 : tir à l'arc, athlétisme, boccia, cyclisme, sports équestres, football à cinq, football à sept, goalball, judo, force athlétique, aviron, voile, tir, natation, tennis de table, volley-ball assis, basket-ball en fauteuil, escrime en fauteuil, rugby en fauteuil, tennis en fauteuil.

Depuis 1992 et les Jeux d'Albertville, les jeux Paralympiques d'hiver ont lieu tous les quatre ans. On y pratique cinq spécialités : biathlon, curling, hockey sur luge, ski alpin et ski de fond.

Jouer en fauteuil roulant

Aux jeux Paralympiques d'hiver se déroulent des compétitions de curling en fauteuil roulant, encore appelé **wheelchair curling**. Les différences les plus évidentes sont l'absence des sweepers (ce qui rapproche le curling en fauteuil roulant du jeu de boules), et l'obligation que les équipes soient composées de joueurs des deux sexes..

ET MAINTENANT, DÉCOUVRE QUEL SPORTIF TU ES !

Maintenant que les Olympiades n'ont plus de secret pour toi, c'est le moment de découvrir les sports les plus adaptés à ta personnalité. Parce qu'il y en a vraiment pour tous les goûts : de très connus, comme le football, des atypiques, comme le taekwondo, ou des acrobatiques et spectaculaires, comme le ski acrobatique. Sans parler des disciplines comme la descente, en ski alpin, où les sensations fortes sont garanties.

À toi de choisir ! Tu es plutôt pour l'aventure ou… la plage ? Tu aimes le divertissement ou le défi ?

Quelle que soit ta réponse, garde toujours présent à l'esprit que le sport est une activité essentielle pour être grand, fort et en bonne santé, pour apprendre la loyauté, la discipline, le sens des responsabilités et l'esprit d'équipe… Parole de rat !

Et alors, qu'est-ce que tu attends ? Commence tout de suite à répondre aux questions !

TEST

RÉPONDS AUX QUESTIONS SUIVANTES, COMPTE LES RÉPONSES QUE TU AS DONNÉES ET DÉCOUVRE LE TYPE DE SPORT QUI TE CONVIENT !!!

1 SI TU POUVAIS ASSISTER À UN ÉVÉNEMENT SPORTIF, QUE CHOISIRAIS-TU ?

a) *Un match de foot*
b) *Une compétition de gymnastique artistique*
c) *Une compétition de ski*

2 QUEL CADEAU AIMERAIS-TU RECEVOIR POUR TON ANNIVERSAIRE ?

a) *Un ballon de basket*
b) *Une raquette de tennis*
c) *Une luge*

3 QUELLE EST POUR TOI LA CHOSE LA PLUS IMPORTANTE DANS LE SPORT ?

a) *Fêter une victoire avec tes coéquipiers*
b) *Battre ton adversaire*
c) *Mettre tes capacités à l'épreuve*

4 APRÈS AVOIR FAIT TES DEVOIRS, QUE PRÉFÈRES-TU ?

a) *Jouer avec tes copains*
b) *Faire du vélo*
c) *Aller te promener au parc*

5 POUR TOI, LE MOT « VACANCES » SIGNIFIE SURTOUT :

a) *Camping*
b) *Mer*
c) *Montagne*

6 QU'AIMES-TU FAIRE QUAND TU ES À LA PLAGE ?

a) *Jouer dans le sable avec tes copains*
b) *Nager*
c) *Lutter contre les vagues dans ton canot pneumatique*

7 SI TU POUVAIS PARTICIPER À UNE COMPÉTITION OLYMPIQUE, QUE CHOISIRAIS-TU ?

a) *La finale de basket-ball*
b) *La finale du 100 mètres*
c) *Le slalom géant*

8 MAINTENANT QUE TU SAIS TOUT SUR LES JEUX OLYMPIQUES, QUEL SPORT PRÉFÉRERAIS-TU ESSAYER ?

a) *Le water-polo*
b) *Le taekwondo*
c) *Le snowboard*

DÉCOUVRE LES RÉSULTATS PAGE SUIVANTE...

SPORTS D'ÉQUIPE

majorité de réponses a

Tu aimes jouer avec des copains ; ce qui t'intéresse, dans le sport, ce n'est pas seulement la compétition, mais l'esprit de groupe. Tu aimeras les sports traditionnels, comme le football, le basket-ball, le handball et le volley-ball. Mais tu pourrais également te passionner pour des disciplines moins connues, comme le hockey sur gazon ou le water-polo !

SPORTS INDIVIDUELS

majorité de réponses b

Pour toi, le sport représente un perpétuel défi. Tu aimes la compétition car elle met en valeur tes qualités sportives. Les sports les plus adaptés à ton caractère sont individuels, comme l'athlétisme, la natation, le tennis, le cyclisme et la gymnastique. Mais tu pourrais aussi obtenir d'excellents résultats dans des disciplines telles que l'équitation, l'escrime ou les arts martiaux !

SPORTS D'HIVER

majorité de réponses c

Tu aimes l'aventure et la vitesse. Tu aimes aussi le contact avec la nature, et le froid ne te fait pas peur. Les sports d'hiver sont vraiment faits pour toi. Les activités qui te conviennent le mieux sont le ski, le patinage et le hockey, mais tu pourrais aussi t'essayer à des sports plus insolites, comme le bobsleigh, le skeleton et le curling !

Table des matières

Geronimo Stilton

Dans la même collection

1. Le Sourire de Mona Sourisa
2. Le Galion des chats pirates
3. Un sorbet aux mouches pour monsieur le Comte
4. Le Mystérieux Manuscrit de Nostraratus
5. Un grand cappuccino pour Geronimo
6. Le Fantôme du métro
7. Mon nom est Stilton, Geronimo Stilton
8. Le Mystère de l'œil d'émeraude
9. Quatre Souris dans la Jungle-Noire
10. Bienvenue à Castel Radin
11. Bas les pattes, tête de reblochon !
12. L'amour, c'est comme le fromage...
13. Gare au yeti !
14. Le Mystère de la pyramide de fromage
15. Par mille mimolettes, j'ai gagné au Ratoloto !
16. Joyeux Noël, Stilton !
17. Le Secret de la famille Ténébrax
18. Un week-end d'enfer pour Geronimo
19. Le Mystère du trésor disparu
20. Drôles de vacances pour Geronimo !
21. Un camping-car jaune fromage
22. Le Château de Moustimiaou
23. Le Bal des Ténébrax
24. Le Marathon du siècle
25. Le Temple du Rubis de feu
26. Le Championnat du monde de blagues
27. Des vacances de rêve à la pension Bellerate
28. Champion de foot !
29. Le Mystérieux Voleur de fromage
30. Comment devenir une super souris en quatre jours et demi
31. Un vrai gentilrat ne pue pas !

32. Quatre Souris au Far West
33. Ouille, ouille, ouille... quelle trouille !
34. Le karaté, c'est pas pour les ratés !
35. L'Île au trésor fantôme
36. Attention les moustaches... Sourigon arrive !
37. Au secours, Patty Spring débarque !
38. La Vallée des squelettes géants—-
39. Opération sauvetage
40. Retour à Castel Radin
41. Enquête dans les égouts puants
42. Mot de passe : Tiramisu
43. Dur dur d'être une super souris !
44. Le Secret de la momie
45. Qui a volé le diamant géant ?
46. À l'école du fromage
47. Un Noël assourissant !
48. Le Kilimandjaro, c'est pas pour les zéros !
49. Panique au Grand Hôtel
50. Bizarres, bizarres, ces fromages !
51. Neige en juillet, moustaches gelées !
52. Camping aux chutes du Niagara
53. Agent secret Zéro Zéro K
54. Le Secret du lac disparu
55. Kidnapping chez les Ténébrax !
56. Gare au calamar !
57. Le vélo, c'est pas pour les ramollos !
58. Expédition dans les collines Noires
59. Bienvenue chez les Ténébrax !
60. La Nouvelle Star de Sourisia
61. Une pêche extraordinaire !
62. Jeu de piste à Venise

- Hors-série
  Le Voyage dans le temps (tome I)
  Le Voyage dans le temps (tome II)
  Le Voyage dans le temps (tome III)

Le Royaume de la Fantaisie
Le Royaume du Bonheur
Le Royaume de la Magie
Le Royaume des Dragons
Le Royaume des Elfes
Le Secret du courage

- Téa Sisters
  Le Code du dragon
  Le Mystère de la montagne rouge
  La Cité secrète
  Mystère à Paris
  Le Vaisseau fantôme
  New York New York !
  Le Trésor sous la glace
  Destination étoiles
  La Disparue du clan MacMouse
  Le Secret des marionnettes japonaises
  La Piste du scarabée bleu
  L'Émeraude du prince indien
  Vol dans l'Orient-Express

- Le Collège de Raxford
  Téa Sisters contre Vanilla Girls
  Le Journal intime de Colette
  Vent de panique à Raxford
  Les Reines de la danse
  Un projet top secret !
  Cinq amies pour un spectacle
  Rock à Raxford !
  L'Invitée mystérieuse
  Une lettre d'amour bien mystérieuse

- Les classiques racontés par Geronimo Stilton
  Robin des Bois
  L'Île au trésor
  Le Livre de la jungle
  Peter Pan
  Alice au pays des merveilles

1. Entrée
2. Imprimerie
   (où l'on imprime les livres et le journal)
3. Administration
4. Rédaction (où travaillent les rédacteurs, les maquettistes et les illustrateurs)
5. Bureau de Geronimo Stilton
6. Piste d'atterrissage pour hélicoptère

1
2
3
4
5
6
7
8
9
10
11
12
13
14
15
16
17
18
19
20
21
22
23
24
25
26
27
28
29
30
31
32
33
34
35
36
37
38
39
40
41
42
43
44
45
46
Fleuve Souris
Plage

Sourisia, la ville des Souris

1. Zone industrielle de Sourisia
2. Usine de fromages
3. Aéroport
4. Télévision et radio
5. Marché aux fromages
6. Marché aux poissons
7. Hôtel de ville
8. Château de Snobinailles
9. Sept collines de Sourisia
10. Gare
11. Centre commercial
12. Cinéma
13. Gymnase
14. Salle de concerts
15. Place de la Pierre-qui-Chante
16. Théâtre Tortillon
17. Grand Hôtel
18. Hôpital
19. Jardin botanique
20. Bazar des Puces-qui-boitent
21. Maison de tante Toupie et de Benjamin
22. Musée d'Art moderne
23. Université et bibliothèque
24. La Gazette du rat
25. L'Écho du rongeur
26. Maison de Traquenard
27. Quartier de la mode
28. Restaurant du Fromage d'or
29. Centre pour la Protection de la mer et de l'environnement
30. Capitainerie du port
31. Stade
32. Terrain de golf
33. Piscine
34. Tennis
35. Parc d'attractions
36. Maison de Geronimo Stilton
37. Quartier des antiquaires
38. Librairie
39. Chantiers navals
40. Maison de Téa
41. Port
42. Phare
43. Statue de la Liberté
44. Bureau de Farfouin Scouit
45. Maison de Patty Spring
46. Maison de grand-père Honoré

Île Corsaire
Vers le détroit du Rapt-à-Rat
Ici passent les baleines
Île Tortue
Galion des chats pirates
Atoll des îles Bienheureuses
Baie des Dauphins
Golfe de la Dent cariée
Archipel d'Égout putride
Barrière de corail
Port-Relen
Vers l'océan Ratonique méridional
Port-Beurk
Rade du Chat errant
Roquefort
Vers la mer des Vibrisses vibrants
Port-Souris
Ici, requins !
SOURISIA
Port-Croûton
Phare Pelliculeux
Île Épilée
Épave affleurant
Vers la mer des Sourgasses
Île des Souris

Île des Souris

1. Grand Lac de glace
2. Pic de la Fourrure gelée
3. Pic du Tienvoiladéglaçons
4. Pic du Chteracontpacequilfaifroid
5. Sourikistan
6. Transourisie
7. Pic du Vampire
8. Volcan Souricifer
9. Lac de Soufre
10. Col du Chat Las
11. Pic du Putois
12. Forêt-Obscure
13. Vallée des Vampires vaniteux
14. Pic du Frisson
15. Col de la Ligne d'Ombre

16. Castel Radin
17. Parc national pour la défense de la nature
18. Las Ratayas Marinas
19. Forêt des Fossiles
20. Lac Lac
21. Lac Lac Lac
22. Lac Laclaclac
23. Roc Beaufort
24. Château de Moustimiaou
25. Vallée des Séquoias géants
26. Fontaine de Fondue
27. Marais sulfureux
28. Geyser
29. Vallée des Rats
30. Vallée Radégoûtante
31. Marais des Moustiques
32. Castel Comté
33. Désert du Souhara
34. Oasis du Chameau crachoteur
35. Pointe Cabochon
36. Jungle-Noire
37. Rio Mosquito

Au revoir, chers amis rongeurs, et à bientôt pour de nouvelles aventures.
Des aventures au poil, parole de Stilton, de…

Geronimo Stilton